虚拟团队管理的理论前沿与实践启示

韩岱河　屈婧煜　著

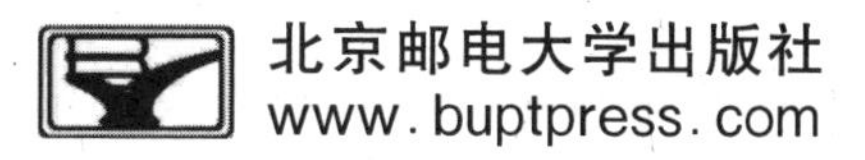

内 容 简 介

伴随全球化的发展和科学技术的进步，虚拟团队成为一种应对动态环境的新型团队形式，在各类商业组织和公共组织中日益发挥着至关重要的作用。然而我们对虚拟团队的内涵和本质知之有限，对有关研究与实践缺乏系统性的整合。本书是一本虚拟团队管理领域的学术专著，详细地介绍了虚拟团队的相关概念，系统地梳理了虚拟团队管理的理论前沿，深入地探究了虚拟团队中的信任与沟通、领导力、激励与管理等核心问题，并且为构建虚拟团队和提升虚拟团队的效能提供了实践指导。相信通过阅读本书，团队管理研究者会对虚拟团队管理较传统团队管理的承接与沿革产生系统化的认识，组织管理者和团队领导者会就如何提升团队的有效性找到科学的方法论指引。

图书在版编目(CIP)数据

虚拟团队管理的理论前沿与实践启示 / 韩岱河，屈婧煜著. -- 北京：北京邮电大学出版社，2024.3

ISBN 978-7-5635-7179-6

Ⅰ. ①虚… Ⅱ. ①韩… ②屈… Ⅲ. ①计算机网络—应用—企业管理 Ⅳ. ①F272.7

中国国家版本馆 CIP 数据核字(2024)第 058501 号

策划编辑：彭　楠　　**责任编辑**：孙宏颖　　**责任校对**：张会良　　**封面设计**：七星博纳

出版发行：北京邮电大学出版社
社　　址：北京市海淀区西土城路 10 号
邮政编码：100876
发 行 部：电话：010-62282185　**传真**：010-62283578
E-mail：publish@bupt.edu.cn
经　　销：各地新华书店
印　　刷：河北宝昌佳彩印刷有限公司
开　　本：720 mm×1 000 mm　1/16
印　　张：10.5
字　　数：196 千字
版　　次：2024 年 3 月第 1 版
印　　次：2024 年 3 月第 1 次印刷

ISBN 978-7-5635-7179-6　　**定价**：58.00 元

前言

在经济全球化和市场竞争激烈的背景下，企业为了降低成本、提高效率和快速响应市场变化，越来越倾向于采用虚拟团队。虚拟团队指的是成员通过电子通信工具而非面对面交流来协作的工作组。此外，突发公共事件（如新冠肺炎疫情）迫使企业临时采用远程工作模式，加速了虚拟团队管理方式的发展和普及。随着市场形势的变动和数字技术的发展，宽带互联网、移动通信、云计算和各种协作软件的出现使得人们可以在任何时间、任何地点进行工作和沟通。这些技术的进步极大地降低了远程协作的成本和复杂性，使得虚拟团队的组建和管理变得更加容易，虚拟团队成为企业组织结构的重要组成部分。企业越来越多地采用虚拟团队来提高灵活性、减少成本并利用全球人才。但是不能否认的是，这种工作方式的兴起带来了许多挑战，包括沟通障碍、文化差异、团队凝聚力缺失以及项目管理的复杂性等。

本书聚焦于当前环境下的虚拟团队，归纳并总结当今的前沿学术研究，构建虚拟团队管理理论框架，解决虚拟团队管理中的核心管理问题。此外，本书结合当前最新的实践案例，提供科学、详细的虚拟团队解决方案与管理策略，以引起实践界、学术界对虚拟团队的关注，丰富该新兴实践的理论视阈，加强虚拟团队在全球范围内的推广。应对数字化变革，本书的案例和分析将会帮助管理者和团队成员识别并克服远程协作中的挑战，提高工作效率和团队绩效。随着新生代员工的崛起，团队成员对工作生活平衡的需求日益增强。许多人开始寻求更加灵活的工作安排，比如远程工作、弹性工时等，这些都为虚拟团队的实施提供了社会文化基础。同时，企业也在寻求更高效的工作方式来吸引和留住人才，海外公司已有了基于虚拟团队的诸多实践尝试，例如Gitlab，没有完全固定的办公室，工作人员遍布全球，通过远程协作系统进行沟通，并且设置详尽的工作指南帮助员工适应虚拟团队。此外，Automattic公司也在多个国家构建远程工作团队，公司重视员工沟通，给予员工高度的自主性，并依靠各种在线工具来维持运营。如何从这些先进实践出发，使用管理理论解构虚拟团队问题，实现团队内的灵活管理，形成全球性的团队合作网络，是本书重点关注的问题。

对于虚拟团队，如何在网络环境中克服沟通的障碍，帮助团队平稳度过动荡期，提升团队的有效性，是本书的研究重点。因此，本书将通过文献梳理、案例分析等多样的分析方法，着重探讨虚拟团队构建和发展中的信任与沟通问题，解决虚拟团队中的领导力形成与影响问题，并就虚拟团队中的团队激励问题进行深入阐释。在核心问题的要求下，本书收集组织行为学领域中的众多经典学术论文，提炼文献理论发展历程，并结合当前背景形成系统性的理论述评，对虚拟团队的理论发展提出未来展望。进一步，本书结合当前丰富的虚拟团队实践，通过案例分析总结出虚拟团队构建过程中的注意事项，给出具体的实践建议。本书作者通过理论分析结合实践积累，对未来虚拟团队的理论发展方向提出了构想，也对虚拟团队的实践发展提供了指导。

本书主要包含三部分，共7章。第一部分是虚拟团队管理导论，包含第1章，主要以团队与团队管理的发展历程和基本知识为切入点，由一般到特殊，引出本书的主要研究对象——虚拟团队，并在团队研究的主导框架输入—过程—输出(I—P—O)模型的基础上为本书构建了研究框架。第二部分是虚拟团队的理论前沿，共分为四章，包括从团队虚拟性到虚拟团队(第2章)、虚拟团队中的信任与沟通(第3章)、虚拟团队中的领导力(第4章)、虚拟团队的激励与管理(第5章)。该部分系统地梳理了虚拟团队管理从产生至今的研究内容，尤其关注近年来新技术环境下的前沿理论，首先对虚拟团队的定义、类型等进行了详细阐述，其次针对虚拟团队的信任建立机制、有效沟通方式、有效领导策略、激励机制和管理方法等核心问题进行了梳理归纳，从理论层面回答了什么是虚拟团队、虚拟团队的重要性，以及构建有效虚拟团队的关键要素等核心问题。第三部分是虚拟团队管理的实践启示，共分为两章，包括虚拟团队的构建与应用启示（第6章）、虚拟团队价值提升与发展展望（第7章）。该部分主要在虚拟团队理论前沿的基础上，为如何构建虚拟团队和提升虚拟团队的效能提供了实践指导；同时结合未来环境、市场、技术等的变化趋势，对虚拟团队的发展与演化进行了展望。另外该部分还引入了部分典型案例以辅助读者理解具体实践措施的应用场景。

在本书的撰写过程中，我们搜集并阅读了团队管理和虚拟团队管理的众多研究资料，正是基于国内外研究者们对团队管理实践的重视与热忱、对团队管理问题的发掘与思考、对团队管理动向的捕捉与探索，本书才得以形成。感谢北京邮电大学出版社在本书编写过程中的大力支持。团队管理与虚拟团队管理是一门跟随时代的变革不断演化的艺术，希望本书能为读者答疑解惑，激发读者对团队管理与虚拟团队管理的兴趣与关注。

目录

第1章

虚拟团队管理导论

在当今经济全球化进程持续推进、科学技术迭代速度不断加快、企业间竞争日益激烈的商业背景下，团队的重要性变得越来越突出，团队管理成为企业获得竞争优势的重要一环。如今，全球范围内的企业和组织越来越意识到，通过团队合作可以加快科学决策速度，提高创新绩效水平，增强组织的凝聚力和抗风险能力等。然而，随着全球化的发展和科学技术的进步，团队的形式也在不断演变。其中，虚拟团队作为一种新型的团队形式，在企业和组织中越发普遍并发挥着重要的作用。因此本章将深入探讨团队与团队管理的概念、团队构成、团队的重要性等，详细介绍一般团队向虚拟团队演变的背景和原因，并完整展示本书的研究问题、研究方法、研究框架等。

1.1 团队与团队管理

团队理论源于美国对日本经济崛起的反思。20世纪70年代到80年代，日本凭借高度组织化、协同合作和高效率优势，一跃成为世界经济强国，这引起了美国企业和学者的关注和反思。美国传统经济和管理体系往往强调个人主义和竞争效能，而日本的成功表明团队合作和社会凝聚力在推动创新和提升绩效方面同样发挥着重要作用。因此，一些美国企业开始研究并试图借鉴日本的管理和组织模式，强调以协同合作、有效沟通和明确分工来提高自身绩效。在此背景下，团队得到了来自产业界和学术界的充分关注，团队管理思维逐渐演化为团队理论，团队管理成为管理学的一个新分支[①]。本节阐述了团队的概念，团队的产生，团队的构成与结构，团队地位、权利与领导，团队过程等。

1.1.1 团队的概念

1. 团队

当前，国内外学者已经从不同角度研究了“团队”的不同含义，这为我们全方位地理解团队范畴提供了基础。“团队”一词的英文为team，通常直译为“小组”，目前该词具有不同的定义。“团队”被部分研究者等同为工作团队（work team）。工作团队是指嵌入在组织中的一群人，他们执行对实现组织目标有贡献的任务，他们共享整体的工作目标，并拥有必要的权威、自主权和资源来实现这些目标[②]。在管理科学和管理实践中，“团队”是指一个组织在特定的可操作范

① Mathieu J E, Hollenbeck J R, van Knippenberg D, et al. A Century of Work Teams in the Journal of Applied Psychology[J]. Journal of Applied Psychology, 2017, 102(3): 452-467.

② 姚裕群，孔冬．团队管理[M]．长沙：湖南师范大学出版社，2007.

围内，为实现特定目标而建立的相互合作、一致努力的由若干成员组成的共同体①。在综合各方观点的基础上，对团队的概念进行深入分析，则可以将其表述为：团队是由两个或两个以上、相互依赖、承诺共同规则、具有共同愿景、愿意为共同的目标而努力的互补技能成员组成的群体，通过相互沟通、信任、合作和承担责任，产生群体协作效应，从而获得比个体成员绩效总和大得多的团队绩效。

根据定义，团队应包含如下要素：两个或两个以上成员；表现出对工作流程、目标和结果的相互依赖；拥有一个或多个共同目标；扮演不同的角色和承担不同的责任；被聚集在一起执行与组织相关的任务；维持社会互动（面对面或虚拟互动）；嵌入在一个组织系统中，与更广泛的系统环境和任务环境产生联系和边界。

2. 群体和团队

斯蒂芬·罗宾斯（Stephen P. Robbins）认为，群体是指为实现特定目标而组合到一起并形成互动和相互依赖关系的两个或更多个体，而团队则是指为了实现某一目标而由相互协作的个体所组成的正式群体②。这一定义突出了团队与群体的不同，所有的团队都是群体，但只有正式群体才是团队。

在优秀的工作群体中，成员主要为共享信息和制定决策而进行互动，以帮助每个成员更好地完成自己的职责。这其实已经蕴含着一些“团队”的精神。但是工作群体中并不一定存在要求成员通过共同努力来实现的集体任务，成员也不一定有机会进行协作。因此，工作群体的绩效水平主要是每个群体成员的个人绩效之和；与此相反，工作团队通过成员的共同努力能够产生积极的协同作用，团队成员的协作会导致团队绩效远远大于个体绩效之和。可以说，“团队”一词脱胎于群体，又高于群体。在我们判断一个工作小组是工作群体还是工作团队的时候，可以从目标、合作、责任、技能方面来判断，如图 1-1 所示：一是工作群体强调信息共享，工作团队则强调集体绩效，工作群体中可能并没有明确的长期或者短期目标，而在工作团队中，领导者运用领导力去促进目标趋于一致，使工作目标清晰明确，而且通过衡量集体绩效的方式进行考核；二是工作群体的合作是中性的（有时是消极的），而工作团队的合作往往是积极的；三是工作群体的责任个体化，而工作团队的责任既可能是个体的，也可能是共同的；四是工作群体

---

① 哈佛商学院出版公司．团队管理[M]．王春颖，译．北京：商务印书馆，2009.

② 罗宾斯，贾奇．组织行为学[M]．孙健敏，朱曦济，李原，译．18 版．北京：中国人民大学出版社，2021.

的技能是随机的或不同的，而在工作团队中，领导者为了快速高效地完成团队的最终目标，往往会挑选个人技能相互补充的成员组成团队[①]。

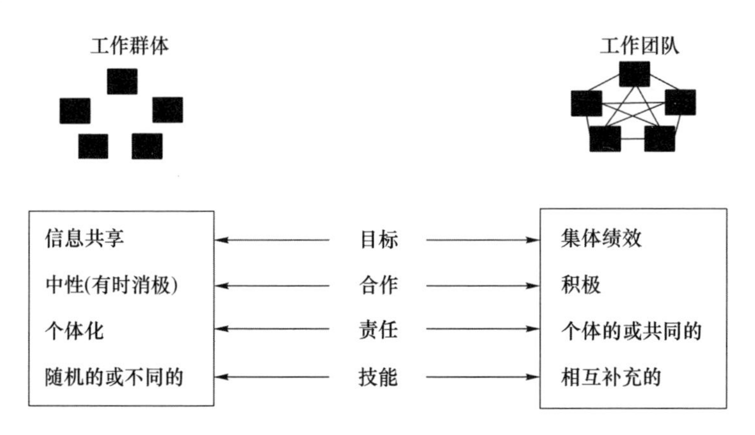

图 1-1　工作群体与工作团队的比较

有一个例子可以很好地解释工作群体和工作团队的不同：在每年美国职业篮球联赛结束之后，美国常会从各个球队中挑选优秀的本土球员，组成一支“梦之队”奔赴国际赛场，以期获得优异的成绩。但是结果总是令球迷失望，由美国顶级球员组成的“梦之队”胜少负多。这是为什么呢？其原因在于他们不是真正意义上的团队，尽管他们拥有极高的个人能力，但是彼此的技能并不一定互补，并且由于平时分属不同的球队，缺少共同训练和比赛的经历，因此难以在短时间内建立团队精神，不能为实现共同目标而协作，常常不敌阵容并不豪华但配合娴熟的球队。由此看来，团队并不是简单的群体，在真正的团队中，技能互补的团队成员因为共同的目标和使命感而协同努力，会产生“1+1>2”的群体效应。

1.1.2　个人、领导者和团队

1. 个人

个人是指作为团队成员的独立个体，具有自己的特点、能力和贡献。个人需

① 王青．团队管理[M]．2版．北京：企业管理出版社，2007.

要完成分配给他们的任务，并与其他团队成员协作，以实现团队的共同目标和使命。个人在团队中不仅仅是独立存在的，他们的行为和表现都会直接影响整个团队的绩效和效能。所谓“物以类聚，人以群分”，如果将组织看成一个完整的人体，那么团体就是构成人体的各类系统，如消化系统、循环系统等，个人则是组织或团队的最基本细胞①。任何个人都不是孤立的，个人总是生活在社会组织或群体中，并以组织或者团队的身份和他人交往。

2. 领导者

领导者既可以是个体意义上的，也可以是群体意义上的。在团队之中，领导者应该指具有职位权，掌握和控制一定的资源和权力，并拥有最高影响力的个体，他对团队施加影响并引导团队成员完成确定的目标。一个组织需要能带领团队协同作战的领军人物，领导者通过设定团队目标、分配成员角色和任务、引导团队成员协作等方式帮助团队实现目标。

3. 领导力

在传统意义上，领导力就是指具有一定的影响力，能够一呼百应，带领一个团队向目标前进的能力。美国管理学家哈罗德·孔茨（Harold Koontz）认为领导力是一种影响力，或者是对人们施加影响的艺术和过程，从而使人们心甘情愿地为实现群体或组织的目标而努力。拉尔夫·斯托格迪尔（Ralph Stogdill）是研究领导力的先驱，他将领导力定义为影响一个有组织群体的活动，并使之努力迈向既定目标和成绩的过程②。也就是说，领导者的工作就是要使全体成员全力投入，并且加以指导和协调。大多数领导力的定义反映出如下过程：一个人对其他人有意识地施加影响，从而指导、组织和促进群体或组织的活动和关系③。

4. 领导者角色

领导者个人特质、组织发展阶段和团队类型均会对领导者角色产生影响。领导特质理论研究具备什么特有素质的人适合当领导者，领导特质理论普遍认为有

① 王青．团队管理[M]．2版．北京：企业管理出版社，2007.

② Stogdill R M. Handbook of leadership: a survey of theory and research[M]. New York: The Free Press, 1974.

③ Yukl G. Leadership in Organizations[M]. Upper Saddle River, NJ: Prentice-Hall, Inc., 2002.

一组能用来识别有效领导者的个人素质和特征。例如，驱动力、领导欲、诚实与正直、自信、智慧、性格外向等都是与领导相关的特质[①]。领导权变理论研究影响领导效能的各种情景因素，如工作性质、领导者与下属的关系以及下属特征等。领导权变理论关注领导者与被领导者的行为与环境的相互影响，重点在于分离出影响领导有效性的情景因素。Yukl 将领导者角色划分为跨界型、促进型、创新型和指挥型[②]。跨界型领导角色不仅需要和团队外的利益相关者保持联系，例如，与利益相关者沟通团队的任务目标，还需确保关键资源的获取以及信息的畅通。促进型领导角色需构建良好的团队互动过程，建立和谐的团队成员关系，鼓励成员积极参与开放式讨论、分享自己的观点。创新型领导角色需不断挑战现状，探索完成任务的新方法。指挥型领导角色为团队设立任务进程，强调目标和过程的结构化。

1.1.3 团队构成与成功要素

1. 团队构成要素

团队构成要素包含与团队人员构成相关的变量，比如团队成员的能力和人格、分配的角色、团队规模等。有管理学家将这些团队构成要素划分为五类，分别是目标、人员、团队定位、职权和计划，简称“五个 P”[③]。

（1）目标（purpose）

每个团队都应该有一个既定的目标，这可以为团队成员导航，使其知道向何处去。没有目标的团队是没有存在意义的。倘若团队失去目标，团队成员就不知道该向何处去，团队存在的价值也会大打折扣。团队的目标必须跟组织的目标一致，领导者可以将大目标拆分为小目标下放给团队成员，让大家合作以实现共同目标。团队目标取向反映的是不同认知的个体所形成的关于目标倾向和偏好的共

---

① 吴维库，富萍萍，刘军. 基于价值观的领导[M]. 北京：经济科学出版社，2002.

② Yukl G. Leadership in Organizations[M]. Upper Saddle River, NJ: Prentice-Hall, Inc., 2002.

③ Mehta A, Feild H, Armenakis A, et al. Team Goal Orientation and Team Performance: The Mediating Role of Team Planning[J]. Journal of Management, 2009, 35(4): 1026-1046.

同知觉，不同的目标取向会对团队绩效产生不同的影响。

（2）人员（people）

个人是团队的细胞，也是团队构成中最核心的力量。一般来说，三个人以上就能构成团队。团队目标是通过其成员来实现的，因此，人员的选择是团队建设与管理中非常重要的部分。在一个团队中需要有人出主意、有人制订计划、有人实施、有人协调大家完成工作，还需要有人监督团队工作的进展、评价团队最终成果和贡献。不同的人通过分工来共同完成团队目标，在人员选择方面需要考虑人员的人格、能力、经验以及人员之间的技能是否互补。

（3）团队定位（place）

团队定位包含两层意思：一是团队整体的定位，包括团队在组织中处于什么位置，由谁选择和决定团队的成员，团队最终应该对谁负责，团队采取什么方式激励成员等；二是团队个体的定位，包括各个成员在团队中扮演什么角色，是指导成员制订计划，还是具体实施某项工作等。团队定位具体表现在团队中主要是角色的分配。不同团队的目标和需求不同，因此在挑选成员时也应注意角色分配问题。

就团队整体的定位而言，根据存在的目的可将团队分成问题解决型团队、自我管理型团队、多功能型团队三种类型。问题解决型团队的核心点是就如何改变工作程序和工作方法这一问题进行相互交流并提出建议，缺点是缺少决策能力。自我管理型团队拥有足够的自主权和责任，能够自主决策和执行任务，是一种具有高度自主性和自我组织能力的团队形态。多功能型团队是为完成一项特定任务，由来自同一个等级、不同工作领域的员工组成的团队。多功能型团队可以使组织内不同领域的员工交换信息，激发新的观点，协调复杂的项目，解决面临的问题。

（4）职权（power）

团队当中领导人的权力大小与团队的发展阶段相关，一般来说，越成熟的团队领导者所拥有的权力越小，在团队发展的初期阶段领导权相对比较集中。团队的职权取决于两个方面：一是整个团队在组织中拥有什么样的决定权，例如财务决定权、人事决定权、信息决定权等；二是组织的基本特征，如组织的规模有多大、组织对团队的授权有多大、业务是什么类型等。

（5）计划（plan）

从团队的角度看，计划包括两层含义：一是为实现目标而制订的行动方案，因此可以将计划理解成目标的具体工作程序；二是按计划进行可以保证团队的工作顺利，只有在计划的规范下，团队才会一步步地贴近目标，从而最终实现目标。

2. 团队成功要素

团队以实现团队战略目标为最终目的，在实施团队战略时必须基于组织背景建立工作团队支持系统。斯蒂芬·罗宾斯认为有四种关键要素能够对团队绩效产生显著的影响，分别是充足的资源、领导和结构、信任的团队氛围和能够反映团队贡献的绩效评估与奖励体系①。本书基于此，认为团队成功的要素应包括外界资源、团队领导、团队氛围和绩效评估与奖励体系。

（1）外界资源

在制定团队战略时，组织必须考虑团队将如何以及在何处获得信息、工具之类的资源，以将其作为团队有效执行战略的基础。具体地说，信息需要以不同的方式进行汇总和呈现，工作需要采用不同的结构，而个人需要额外的培训。在团队工作中，领导者和管理者需要以明确的参与方向、信息、数据、资源、奖励和培训来支持团队，使成员能够有效地提供期望的绩效结果②。团队在组织系统中运作不仅依赖于内部因素，还依赖于客户、供应商和其他团队等外部因素。对于团队来说，需要明确采用何种工作过程来在系统内进行互动和利用环境中的资源。

（2）团队领导

团队领导是指以团队需求满意度为导向，以培养团队效率为最终目标的人，任何团队内部或外部负责满足团队需求的人都可被视为承担团队领导角色的人。团队领导的观点与职能领导理论一致是最突出和最著名的团队领导模式。职能领导理论认为，领导角色是“去处理或者去完成任何没有得到充分关注的群体需求”的角色。有效的领导者在多团队系统中尤其重要，领导者可以通过向团队授

① 罗宾斯，贾奇．组织行为学[M]．孙健敏，朱曦济，李原，译．18版．北京：中国人民大学出版社，2021.

② Hyatt D E，Ruddy T M. An examination of the relationship between work group characteristics and performance：once more into the breech[J]. Personnel Psychology，2010，50(3)：553-585.

权，将职责下放给成员，确保不同团队相互协作而不是相互拆台，以提升团队绩效[①]。在第 4 章我们还会具体探讨领导者角色和共享领导力对团队的不同影响。

（3）团队氛围

团队氛围定义为团队成员对团队工作环境的共享感知，团队氛围决定了团队内的一般行为规范，它是团队文化建立的起点，也对维持团队文化具有重要作用。团队氛围包含许多维度，比如信任、尊重、凝聚力、公开讨论及同事和谐关系等[②]。团队氛围既可以直接作用于团队绩效，也可以通过影响团队中成员的工作动机或者满意度来间接影响团队绩效[③]。其中，信任是有效团队不可缺少的要素，它能够促进团队成员的相互合作，使成员在团队中更有可能承担风险或坦白自身弱点。信任不仅存在于成员彼此之间，还存在于成员与领导者之间，它有助于团队成员更愿意接受和认同领导者的目标和决策。

（4）绩效评估与奖励体系

绩效评估与奖励体系是激励团队成员持续努力的重要机制。通过明确的绩效评估标准和目标，团队成员能够了解他们的工作表现如何才能与期望相匹配。与此同时，有效的奖励体系可以对团队成员的优秀表现给予认可和公正的回报。绩效评估与奖励体系能够激发团队成员的动力，提高团队成员的工作满意度和承诺感，并鼓励他们继续提升绩效和做出贡献。团队领导者除了组织制定团队的绩效标准外，还需要协助团队中的小组制定其内部绩效标准。

1.1.4 团队管理

团队管理是指对团队进行领导、协调和指导，以实现团队的共同目标和使命的管理过程。团队管理包括管理团队的人员、任务、资源和关系，以确保团队高效地运作并获得预期成果。团队管理在组织中发挥着不可或缺的作用，它可以帮

---

① Morgeson F P, DeRue D S, Karam E P. Leadership in Teams: A Functional Approach to Understanding Leadership Structures and Processes[J]. Journal of Management, 2010, 36(1): 5-39.

② 段锦云，王娟娟，朱月龙. 组织氛围研究：概念测量、理论基础及评价展望[J]. 心理科学进展，2014，22(12)：1964-1974.

③ 刘冰，谢凤涛，孟庆春. 团队氛围对团队绩效影响机制的实证分析[J]. 中国软科学，2011(11)：133-140.

助团队建立积极健康的工作氛围，促进团队成员之间的相互信任和合作，并在不断变化的环境中保持团队的稳定性和灵活性。

1.1.5 常见团队与虚拟团队

团队在现代组织中扮演着重要的角色，有效的团队管理可以使团队成员高效协作以实现共同的目标。但是不同类型的团队拥有不同的特性，团队管理也随之不同。除了传统的团队类型外，伴随着环境背景的变化和团队工作方式的演变，一个新型的团队逐渐崭露头角——虚拟团队。本小节主要探讨常见的团队与虚拟团队，介绍各类型团队的概念、特点等，着重强调虚拟团队的特点，以及虚拟团队和常见团队的关系。

1. 常见团队

从工作方式、工作内容等不同角度可以将团队划分为不同类型，常见团队主要包括问题解决型团队、自我管理型团队、跨职能团队。常见团队是传统工作环境下形成的团队，它们具有各自的特点、应用场景和挑战。

（1）问题解决型团队

问题解决型团队（problem-solving teams）通常由5～12名来自同一部门的员工组成，他们每周开几个小时的会议讨论如何改善质量、提高效率和优化工作环境等[①]。在问题解决型团队中，成员相互分享关于改善工作流程的想法或建议，却很少有权力单方面执行这些想法或建议。

（2）自我管理型团队

自我管理型团队（self-managed work teams）是20世纪90年代为满足制造业和服务业对更大规模组织的灵活性和竞争的需求而产生的团队类型[②]。自我管理型团队背后的关键理念是，鼓励员工参与决策将提高组织的灵活性，提高企业

---

① 王青．团队管理[M]．2版．北京：企业管理出版社，2007.

② Teresa P. Self-managed work teams：an enabling or coercive nature[J]. The International Journal of Human Resource Management，2010，21(3)：337-354.

的竞争力。自我管理型团队一般由10～15人组成，执行高度相关或相互依赖的任务，团队共享领导功能[①]。然而，自我管理型团队的有效性通常较低，其不能很好地处理冲突，当发生冲突时，成员之间会停止合作，权力斗争随之而来，从而导致团队绩效下降。

（3）跨职能团队

跨职能团队（cross-functional teams）通常被定义为团队绩效相互依赖的个人集合，团队成员嵌入政治组织，并跨越组织边界管理他们的关系。组建跨职能团队是提高绩效、创造力的核心组织方法[②]。在一个跨职能系统的团队中，来自各专业的人员在有限时间内聚集到一起，以解决一个问题或完成一项任务。跨职能团队的成功取决于高度的互动和关系冲突最小化。然而，关系冲突在跨职能团队中很常见，因为这些团队是由来自不同的职能部门的团队成员组成的，不同的职能部门有不同的“思想世界”，如沟通规则、价值观和信仰[③]。因此跨职能团队成员间易于分裂，这会延长任务完成时间、降低团队效率、降低团队成员满意度并抑制凝聚力。

2. 虚拟团队

随着现代信息通信技术的发展和电子产品的普及，以及团队工作流程的日益去中心化和全球化，许多组织通过引入虚拟团队来应对动态环境。虚拟团队的成员在地理上分散，主要通过电子信息和通信技术协调工作。大多数较大的商业组织在某种程度上离不开虚拟团队。

（1）概念

虚拟团队（virtual team）是一个职能团队，利用计算机技术把分散在不同地方的成员联系起来以实现某个共同目标[④]。其成员的沟通依赖于技术中介，同时跨越几个不同的边界。常见的是地理、时间和组织方面的边界。

---

① Ollilainen M, Calasanti T. Metaphors at Work: Maintaining the Salience of Gender in Self-Managing Teams[J]. Gender & Society, 2007, 21(1): 5-27.

② Peelle H E. Appreciative Inquiry and Creative Problem Solving in Cross-Functional Teams[J]. The Journal of Applied Behavioral Science, 2006, 42(4): 447-467.

③ Huo Xiaoyan, Zhang Lianying, Guo Haiyan. Antecedents of Relationship Conflict in Cross-Functional Project Teams[J]. Project Management Journal, 2016, 47(5): 52-69.

④ Martins L L, Gilson L L, Maynard M T. Virtual teams: what do we know and where do we go from here? [J]. Journal of Management, 2004, 30(6): 805-835.

（2）对比与特征

无论团队在空间上是否分散，连接团队成员的媒介如何，团队重视目标、协作、沟通、领导等基本要素的要求始终存在。同时，虚拟团队与常见团队之间存在一些显著的区别[①]。

① 团队成员组成和沟通方式。虚拟团队的成员可能来自不同的地理位置，沟通主要通过远程技术进行，而常见团队则更多依赖于面对面的交流。虚拟团队的成员可能具有不同的文化背景和专业知识，需要更强的跨文化和跨功能的沟通能力。

② 协作工具和技术的使用。虚拟团队依赖各种协作工具和技术进行沟通和合作，如视频会议、在线白板、共享文档等。而常见团队则可能更多地依赖于面对面会议和传统的办公软件。

③ 协调和问题解决的方法。虚拟团队需要更加注重协调和问题解决的方法，因为团队成员可能会面临不同的时区、语言和文化障碍。有效的沟通、合理的任务分配和冲突解决机制是虚拟团队成功的关键。

④ 领导者的角色和责任。在虚拟团队中，领导者需要具备跨文化和跨地理边界的管理能力，能够引导团队成员，促进沟通和协作，并解决虚拟团队所面临的挑战。领导者需要建立信任和合作关系，为团队成员提供支持和指导，以确保团队目标的实现。

综合虚拟团队与常见团队的区别，可以得出虚拟团队有如下特点。

① 地理分散。与面对面团队相比，虚拟团队的成员不拘泥于地理位置，成员来自不同地区、国家，可以借助于现代技术进行协作。

② 依赖技术工具。成员通过各种协作工具进行沟通和共享信息，如在线会议工具、共享文档平台等。由于成员在不同时区，使用异步通信媒体（如电子邮件）会限制团队成员实时交互的能力。

③ 弹性工作环境。成员可以根据个人安排选择时间和地点进行工作。

---

① 肖伟．虚拟团队管理[M]．成都：电子科技大学出版社，2007.

④ 跨组织边界。虚拟团队成员往往从组织内部的不同部门抽取，也可以通过外包企业或合资企业，从不同组织中抽取。

3. 挑战

尽管如今虚拟团队十分普遍，但它们依旧面临着特殊的挑战。虚拟团队成员之间的直接互动较少，导致他们无法常规地面对面讨论、交换意见。特别是当成员不能亲自见面时，虚拟团队往往更倾向于任务导向，与面对面团队相比，交流的社交情绪信息更少。因此，虚拟团队成员对团队互动过程的满意度低于面对面团队。为了使虚拟团队的协作更加有效，管理者应当：①在成员之间建立信任关系；②密切监控团队进度；③在组织中宣传团队的努力和成果[①]。

1.2 研究问题与研究思路

作为一种产生于技术变革和全球化背景下的新型团队形式，虚拟团队具有很多独特性，同时也面临着特殊的挑战。针对当前缺乏对现有虚拟团队研究的系统性梳理和对建立、领导、管理虚拟团队的规范性指导的现状，本书将研究问题确定为虚拟团队的理论前沿和实践启示。通过对虚拟团队理论前沿的研究，本书系统地提炼出影响虚拟团队绩效的关键因素，如团队成员之间的信任建立、领导力在虚拟团队中的发挥方式等，并针对每个关键因素从组织行为学、管理学、沟通学等多学科视角梳理现有前沿研究观点，以为虚拟团队管理领域构建更加全面、系统的理论框架，从理论上加深读者对虚拟团队管理的理解，为读者提供开展深入研究的方向和思路。同时，现有理论研究对于实际的虚拟团队管理和运作具有指导意义，本书的研究在此基础上增加了对典型实践案例的分析介绍，针对在虚拟团队管理中如何建立有效的沟通机制、解决跨文化冲突、激励虚拟团队成员等

---

① Hertel G, Geister S, Konradt U. Managing virtual teams: a review of current empirical research[J]. Human Resource Management Review, 2005, 15(1): 69-95.

关键问题提出相应的管理策略和操作方法，为组织和团队的领导者在全球化和数字化时代有效建立、管理虚拟团队提供理论指导和实践经验。

1.3 研究框架与研究内容

1.3.1 研究框架

输入-过程-输出（I-P-O）模型是团队研究的主导框架①。输入表示一个团队的起始条件，如其材料或人力资源；过程表示团队成员在执行任务期间的动态交互；输出代表一个团队功能的任务和非任务后果。本书的研究将虚拟团队纳入I-P-O框架，对现有研究中的虚拟团队 I-P-O 模型进行了修改整合②③，展示特定的输入、过程、调节因素和输出对虚拟团队有效性的影响，并在此基础上形成本书的研究框架，虚拟团队管理 I-P-O 框架如图 1-2 所示。

1. 团队输入

团队输入要素包括团队组成、团队领导和团队激励。

（1）团队组成

第一类输入因素是团队组成，需要关注团队成员、团队设计、团队多样性等要素，包括个体差异与团队表层、深层的多样性，对团队的过程和输出具有重要

---

① 陈驰茜，唐宁玉. 团队过程研究十年回顾：2008 至 2017[J]. 中国人力资源开发，2017(12)：47-59.

② Martins L L, Gilson L L, Maynard M T. Virtual teams: what do we know and where do we go from here? [J]. Journal of Management, 2004, 30(6): 805-835.

③ Dulebohn J H, Hoch J E. Virtual teams in organizations[J]. Human Resource Management Review, 2017, 27(4): 569-574.

的影响。

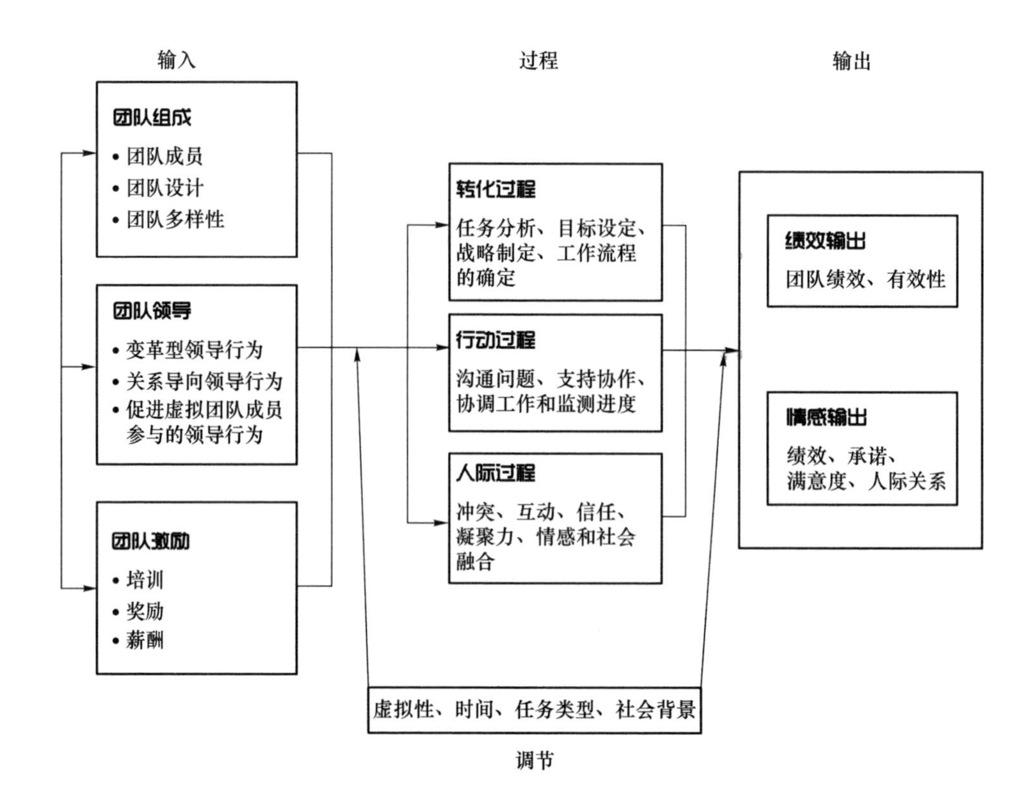

图 1-2　虚拟团队管理 I-P-O 框架

① 团队成员。团队成员是虚拟团队的核心组成部分，知识、技能和能力（KSA）是选择团队成员的关键要素。在知识上，虚拟团队的成员应具备相关领域的专业知识，能够与项目或任务紧密匹配；在技能上，虚拟团队的成员应具备适当的技术技能，能够使用虚拟合作工具和技术平台进行有效的远程协作；在能力上，虚拟团队成员应具备强适应性、高自主性和突出的问题解决能力。优秀的虚拟团队能够跨越时间、空间限制，前提是有效选取符合团队需要和优势互补的团队成员。

② 团队设计。团队设计是为帮助团队完成任务和实现目标而对团队结构、任务分配等要素的设计。团队设计主要考虑三个要点：角色明确、任务分解、组织弹性。首先，在虚拟团队中，对每位成员的角色和责任进行明确定义非常关键，团队成员应明确自己的定位和职责以确保高效协作的进行。其次，应将团队任务分解为具体的工作包或子任务，在团队成员之间进行合理的工作分配，以帮

助团队实现有效的任务管理。最后，需要考虑成员的灵活性和弹性，以适应不同的时间区域、文化背景和工作方式，确保团队能够灵活调整，并在异地协同工作时保持高效性。

③ 团队多样性。虚拟团队往往在地理位置、职业、经验、性别等方面具有多样性。虚拟团队的成员往往分布在不同的地理位置，具有不同的文化背景、语言和习俗等。团队成员在职业背景和专业领域上的多样性可以提供不同的专业知识和技能，丰富团队的思维和决策过程。团队成员的经验多样性涵盖了工作经验、项目经验和技术经验等方面。拥有丰富经验的成员可以为团队提供指导和领导力，而较新加入的成员则可能带来新奇的思维和创新的观点。同时，关于虚拟团队的性别多样性，与男性相比，女性成员认为虚拟团队更具包容性和支持性，对虚拟团队的满意度更高。

（2）团队领导

第二类输入因素是团队领导。虽然关于虚拟团队的早期研究假设领导管理虚拟团队时所需的能力和行为与管理传统团队时相同，但现有研究普遍认为，虚拟交流会导致领导者的影响衰减，虚拟团队领导者需要具备相应的管理技能，采取适当的领导行为来应对缺乏面对面沟通的管理场景。这些技能包括虚拟沟通技能、深度理解协作技术、激励团队成员参与、建立成员间的信任关系、接纳文化多样性等。部分领导行为在一定程度上提升了虚拟领导的影响力，例如以彰显领导魅力和感召力、激发成员创造力、提供个性化关怀为代表的变革型领导行为，以领导-成员交换关系为代表的关系导向领导行为，以赋权和参与性管理为代表的促进虚拟团队成员参与的领导行为等。

（3）团队激励

第三类输入因素是团队激励。团队激励是虚拟团队管理中至关重要的一个方面，它可以通过多种方式来提高成员的参与度、积极性和绩效水平，尽可能避免虚拟性导致的成员效率低下、组织认同感和满意度低等问题。在团队激励的设计中，培训、奖励和薪酬体系是三个核心要素。

① 培训体系。建立一个有效的培训体系对于提高虚拟团队成员的能力、知识和技能至关重要。虚拟团队成员需要接受针对远程协作工具和技术平台的培训，以保证他们能够熟练地利用这些工具进行协作。此外，为成员提供专业技能培训、团

队合作培训等可以帮助团队成员更好地适应虚拟工作环境，提高工作效率。培训可以通过多种方式进行，例如网络研讨会、在线教育平台、内部知识共享等。

② 奖励体系。建立一个有效的奖励体系可以激励虚拟团队成员的积极性和参与度。个人和团队目标奖励是常见的奖励方式，可以设定明确的个人和团队目标，并根据目标的完成情况给予奖励。此外可以根据任务难度、贡献度和完成质量给予团队成员额外的奖励，如资源支持、项目奖金、晋升机会等。另外，通过定期的绩效评估给予成员正向的反馈也是重要的激励手段。奖励体系应当保持公正、透明和一致性，以鼓励团队成员作出贡献。

③ 薪酬体系。一个合理的薪酬体系可以激发虚拟团队成员的工作动力和积极性。薪酬体系应该以公平性和竞争力为原则，确保薪酬的公正性和可量化性。这意味着薪酬应该基于成员的贡献和成果发放，同时根据任务的难度和重要性进行合理调整。此外，必须保证虚拟团队成员明白薪酬机制，以便成员理解和评估自己的工作价值。透明的薪酬体系可以帮助虚拟团队成员明确个人目标，努力实现绩效提升。

2. 团队过程

团队过程因素是输入和输出关系的中介因素。团队过程是指团队成员将输入转换为输出的相互依赖的行为，可以分为转化过程、行动过程和人际过程。

（1）转化过程

转化过程是指虚拟团队聚焦团队目标，通过有效协调并利用各项团队输入要素，引导团队实现输入向输出转化的过程。在转化阶段，团队成员会综合自身资源和过往表现，设计未来的工作计划。这些工作计划包括任务分析、目标设定、战略制定、工作流程的确定等。对于虚拟团队而言，互动的减少往往会导致成员之间缺乏共同的愿景和使命感，这不利于目标设定等工作的展开，因此虚拟团队需要充分发挥电子邮件、视频会议等媒介对团队有效沟通的促进作用，帮助团队有效完成转化过程。

（2）行动过程

行动过程是指团队成员在执行团队任务的过程中发生的动态响应，如沟通问题、支持协作、协调工作、监测进度等。虚拟团队在行动过程中面临诸多障碍，例如，沟通方式的不便导致团队成员的沟通意愿和沟通量较低，异步工作导致团队成员难以就工作问题进行即时讨论，将由技术故障导致的效率低下责任误判给员工等。同时虚拟团队在行动过程中也具有一定的优势，例如，可以避免过高频率的互动损害团队创造力，异步工作方式使得更多成员得以参与团队，利用虚拟交互通信工具的记录保留功能可以实现工作监控等。因此达到沟通的平衡点是提高行动过程有效性的关键所在。

（3）人际过程

人际过程是指团队成员之间的关系，包括冲突、互动、信任、凝聚力等。冲突是一个重要的过程，它促使团队考虑更多以做出更好的决定。成功的虚拟团队倾向于使用竞争或协作的冲突管理风格来管理其内部冲突，其中协作冲突管理风格对满意度、感知决策质量和参与有积极影响。在成员的互动中，尽管虚拟团队相较于传统团队拥有更好的沟通流程和更自由的言论，但虚拟环境更容易导致团队成员相互辱骂等不受约束的行为，团队成员也可能需要寻找额外的信息来帮助理解沟通的内容。虚拟团队的信任与工作满意度和工作关系呈正相关关系。在虚拟环境中，信任的决定因素包括时间、形式、沟通强度、团队绩效、应对技术和任务不确定性的能力等。团队凝聚力是指团队及其任务对成员的吸引力，面对面团队通常比虚拟团队具备更高的凝聚力，虚拟团队的凝聚力与满意度相关，具有高凝聚力的虚拟团队能够在一定程度上减小沟通媒介对沟通效果的影响。

3. 调节因素

调节因素包括可能通过影响模型中关系的方向或强度来影响团队输入、过程和输出路径的因素。

（1）虚拟性

虚拟性是衡量虚拟团队虚拟程度大小的标准，也是虚拟团队运行的关键背景要素。它直接影响虚拟团队成员、领导体系、激励体系在目标设定、沟通协作等团队过程方面的有效性，进而影响团队绩效和个人情感水平。

（2）时间

相关研究显示，团队将随着时间的推移而发展，与非面对面交流有关的社会信息困难最终会消失。同时，虚拟团队成员对团队的过程和结果的满意度将随着时间的推移而增加。

（3）任务类型

任务类型可以缓和虚拟性对团队结果的影响。例如：在谈判等需要更高水平协调的任务中，面对面团队的表现明显优于虚拟团队；在决策任务中没有发现面对面团队与虚拟团队的表现存在差异；而在头脑风暴等任务中，虚拟团队表现得更好。

（4）社会背景

社会背景可以调节虚拟互动对团队结果的影响。例如沟通开放程度、绩效监控程度、法律环境等都会对虚拟团队的过程因素和输出因素产生影响。

4. 团队输出

团队输出是指将团队输入通过团队过程转换为受组织重视的结果。虚拟团队的存在通常是为了达到某些目标、提供某些可交付成果、实现绩效输出等。其中团队层面的输出和团队成员层面的输出是对团队输出成果的有效衡量。一方面，团队层面的输出代表了团队达成的绩效和完成目标的程度，由团队绩效和有效性等指标衡量，称为绩效输出；另一方面，团队成员层面的输出反映了成员在绩效、承诺、满意度、人际关系等方面的态度，称为情感输出。

1.3.2 研究内容

依照I-P-O框架，团队组成、团队领导、团队激励是虚拟团队管理的三项关键输入因素，展示了虚拟团队管理的基本要素和体系。因此本书首先在第2章对虚拟团队的背景、定义、组成等进行了介绍；第4章和第5章分别介绍了现有针对虚拟团队领导因素和虚拟团队激励与管理因素的研究。团队过程因素包含转化过程、行动过程、人际过程三项，除却输入因素外，可以发现沟通在三者中发挥着重要的作用，相对于面对面团队，沟通有效性也是影响虚拟团队有效性的关键因素，因此第3章将深入探讨虚拟团队的信任与沟通问题，为后续章节进行铺垫。输出要素表明虚拟团队的最终目标是有效实现团队绩效目标，满足团队成员情感需求，因此本书在第6章和第7章针对如何构建虚拟团队和如何有效发挥虚拟团队在组织中的作用这一问题，结合现有研究和典型案例，为读者提供了实践启示。

以下是本书各章节的主要研究内容：第 1 章虚拟团队管理导论，主要介绍了团队和团队管理的基本概念和相关理论，通过一般团队引出虚拟团队的概念、背景和特点，概述了本书的主要研究问题、思路、框架和内容；第 2 章从团队虚拟性到虚拟团队，主要从团队虚拟性入手，对虚拟团队的定义进行了详细阐述，探讨了虚拟团队的产生背景和类型，进一步分析了虚拟团队的特点和优势；第 3 章虚拟团队中的信任与沟通，主要围绕虚拟团队中信任的形成和建立机制、虚拟团队的沟通方式和技巧、虚拟沟通的挑战和解决方法等介绍了现有理论研究内容；第 4 章虚拟团队中的领导力，主要围绕虚拟团队中领导力的特点和要求、领导者在虚拟团队中的角色和责任两个话题介绍了现有理论研究内容，并对有效领导虚拟团队的策略和技巧进行了分析；第 5 章虚拟团队的激励与管理，主要围绕虚拟团队成员的激励机制和管理方法、虚拟团队绩效评估和激励策略等介绍了现有理论研究内容；第 6 章虚拟团队的构建与应用启示，主要提供了构建虚拟团队的步骤和指导原则，探讨了虚拟团队成员招募、培训和发展等问题，对虚拟团队的团队建设和文化建设的关键要素进行了分析；第 7 章虚拟团队价值提升与发展展望，围绕虚拟团队实现高团队绩效和个人情感满足的目标这一话题，从领导体系、激励体系、有效沟通等方面为虚拟团队的团队组建、管理、协同等提供了实践建议。

第2章

从团队虚拟性到虚拟团队

虚拟性是虚拟团队最明显的特征，关于团队虚拟性的理解对于认识和适应虚拟团队至关重要。然而，需要认识到的是虚拟性并不代表完全的面对面沟通或完全的电子沟通，而是处于两者之间的一个连续变化的过程。团队虚拟性的具体形式在不同的团队中有所差异，在对团队绩效的影响上也具有两面性。本章将深入介绍关于团队虚拟性的前沿研究，由此引出对虚拟团队的介绍，并探讨团队虚拟性与虚拟团队之间的关系。

2.1 团队虚拟性

2.1.1 团队虚拟性的定义和维度

1. 团队虚拟性的定义

信息和通信技术的迅速发展创造了一个通过技术媒介实现互动取代面对面互动的虚拟世界。与此同时，组织越来越多地采用基于团队的组织结构来提高绩效，组织管理者相信团队合作对于提高生产力和灵活性具有特殊价值。这两个发展趋势的交叉融合催生了虚拟团队的概念[①]。

虚拟性是虚拟团队的关键特征，正确理解团队虚拟性有助于认识虚拟团队。通过对组织和团队中虚拟工具使用情况的研究，学者们对“虚拟性”的概念化产生了不同层次的理解。首先，基于虚拟交互频率视角，研究者采用了多种独特的方法来评估虚拟团队的结构。研究表示虚拟交互通常是多维度的，在一定程度上解决了团队成员在空间和时间上的分散性问题。其次，研究者认为分布式团队依赖虚拟工具，这些工具帮助团队成员进行必要的交流和合作[②]。团队最初处于特定的虚拟化环境中，尽管随着时间的推移，团队环境可能会受到外部环境、任务需求和相互依赖关系等因素的影响而发生变化，但团队在某种程度上会或多或少地保持虚拟性。最后，很少有团队处于无虚拟性或完全虚拟性的极端位置上，即

① Dixon K R, Panteli N. From virtual teams to virtuality in teams[J]. Human Relations, 2010, 63(8): 1177-1197.

② Kramer W S, Shuffler M L, Feitosa J. The world is not flat: examining the interactive multidimensionality of culture and virtuality in teams[J]. Human Resource Management Review, 2017, 27(4): 604-620.

团队成员基本不可能只进行面对面交流，也基本不可能只通过电子邮件等虚拟媒介进行沟通。大多数团队的虚拟性介于二者之间。

由上可知，虚拟性是团队的一个属性，指团队成员不同程度地利用技术手段跨越空间、时间和关系边界以进行工作协作。团队虚拟性可以视作被用来衡量传统团队和虚拟团队之间虚拟程度的连续变量①。

2. 团队虚拟性的维度

在关于团队虚拟性和虚拟团队的研究中，有些研究者往往存在认知误区。大多数关于虚拟团队的定义将团队成员跨越了地理边界视为典型特征。这些定义隐含的假设是，当团队成员处于同一地理位置时，他们不太可能通过虚拟手段进行交互。这种认识存在明显的偏差。诚然，地理等形式上的成员分散确实可能导致团队采用更虚拟的协作手段，但这并不是团队虚拟性的先决条件。换句话说，有团队成员处于同一地理位置并不妨碍团队进行高度虚拟交互。例如：处于同一办公室的财务团队成员可以选择通过无线网络交换信息和报表，而非面对面交流或交换纸质材料；快餐店员工通常以流水线的方式工作，服务生通过移动设备帮助客人点餐，订单信息会同步到后厨。因此即使是处于相同位置的团队成员，也可以高度虚拟性的方式进行沟通和协调。鉴于关于团队虚拟性存在类似的认知误区，有必要详细定义团队虚拟性。

研究者主要从三个维度定义了团队虚拟性：①团队成员使用虚拟工具（例如通信媒体、团队决策支持系统等）进行协作和完成团队任务的程度；②这些工具提供的信息价值；③团队成员虚拟交互的同步性。以前的研究模型没有考虑虚拟工具的信息量和同步性对团队虚拟性的重要影响②。例如，团队之间的直接交流（如打电话）或间接交流（如访问知识库）与不使用技术媒介的交流相似，因而虚拟程度较低。我们通常使用虚拟工具名称来描述虚拟交互模式，如视频会议。虽然视频会议所提供的通信量接近于物理上的面对面通信所提供的通信量，即二者的信息承载能力相近，但研究人员一致认为，视频会议不能完全替代物理面对面通信。下面将详细介绍三个虚拟性维度。

---

① Schmidtke J M, Cummings A. The effects of virtualness on teamwork behavioral components: the role of shared mental models[J]. Human Resource Management Review, 2017, 27(4): 660-677.

② Kirkman B L, Mathieu J E. The dimensions and antecedents of team virtuality[J]. Journal of Management, 2005, 31(5): 700-718.

（1）依赖于虚拟工具的程度

鉴于现代信息技术的快速发展，许多以前被认为是“面对面的”团队现在可能包含了对虚拟工具的高度依赖（例如快餐的例子）。此外，许多虚拟团队会面对面交流，甚至一些全球虚拟团队也会定期安排面对面的会议。可以肯定的是，在一个极端情况下，仍然有部分类型的团队没有使用虚拟的交互手段；在另一个极端情况下，有少数团队完全通过虚拟手段协调他们的工作。然而正如前文所述，更多的团队处于二者之间，在连续的虚拟性变量上占据中间位置。因此，所有团队都可以用虚拟性的程度进行描述。具体而言，与面对面的交互相比，团队越是依赖虚拟工具进行工作和交流，虚拟程度就越高。

（2）沟通信息的价值

信息价值是指利用虚拟工具发送或接收对提升团队有效性有利的数据或信息的程度。虽然有学者将通信渠道丰富度作为虚拟化的维度之一，但该观点只涉及通信渠道的承载能力。他们认为通信渠道的丰富度越高，虚拟性水平越低。例如，视频会议比电子邮件的丰富度高，因为视频会议允许非语言和口头交流，而后者只允许文字交流。但是团队成员并非能使用沟通工具中的所有功能。当团队成员使用视频会议工具交流时，可能大多数成员仍选择在视频会议中的聊天窗口打字交流。因此衡量虚拟性的重要维度应该是利用工具传输的信息价值。

例如，设想工程师团队成员间需要努力传达一组对象的空间关系，尝试仅通过文本来进行，将代表一种高虚拟性的沟通方式，这是因为文本没有充分传达三维关系，即在这种情况下提供的信息价值相对较小。相比之下，通过联合制作三维计算机动画来传达空间关系，将代表一种低虚拟性的沟通方式，其传递的信息价值远远高于文本沟通。因此，信息价值表明团队使用虚拟工具的目的是传递有价值的数据或信息。因此，虚拟工具传递的沟通信息的价值越低，虚拟性的水平就越高。

（3）团队成员虚拟交互的同步性

研究者记录了同步和非同步信息交换模式对团队协调性的影响。同步交换是实时发生的，而异步交换存在时间延迟。虽然有些人认为异步交换会降低通信质量，从而降低团队成员的协调性，但异步通信允许成员花时间考虑问题再做出响应，他们可以参考资料或充分考虑可扩展的情况，并将时间和位置的限制最小化。

因此，同步和非同步信息交换模式何者有利，取决于其绩效环境的性质。例如，在一个紧急情况下的危机响应团队，成员需要根据紧急情况快速共享信息、讨论策略和做出决策。在这种情况下，使用实时的视频会议或在线聊天工具可以让团队成员实时交流，提高决策效率和响应速度。但是对于一个需要产出行业发展报告的咨询团队，成员需要就彼此提出的问题进行深度理解、资料搜集、细致分析等一系列工作，此时同步交流的效果往往并不好。总之，异步交流比同步交流具有更大的虚拟性，因为成员不能与其他成员进行面对面交互、视频会议或实时消息交换。

图 2-1 展示了团队虚拟性的三个维度以及彼此的组合对团队虚拟性各个层次的影响。如图 2-1 所示，团队成员在多大程度上使用虚拟工具进行沟通和工作，这些工具提供的信息价值以及虚拟交互的同步性共同构成了团队的虚拟性。如果一个团队严重依赖于低信息价值的异步技术（如电子邮件），那么该团队的虚拟性就相对较高。在这种情况下，成员几乎很少有机会体验人际关系的微妙之处，如声音或肢体语言的即时反馈。相比之下，如果一个团队更频繁地面对面进行沟通或工作，并倾向于使用信息丰富的同步技术（如视频会议），那么该团队的虚拟性就较低。由于三个维度的适度组合，所以存在低到中等水平的虚拟性。因此，团队虚拟性的概念超越了简单加总的框架，而是取决于三个维度条件的组合。

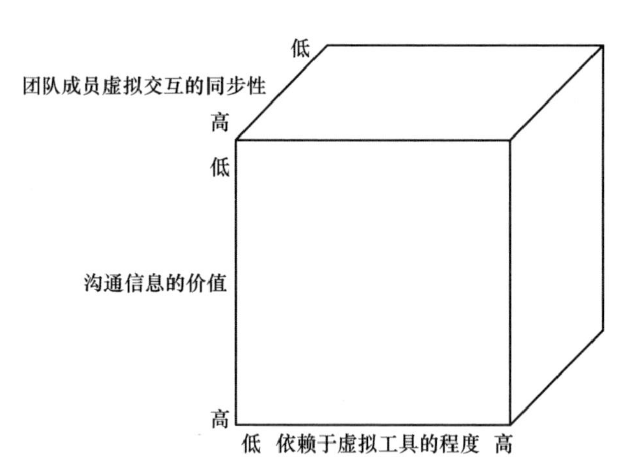

图 2-1　团队虚拟性的三维模型

（资料来源：Kirkman B L，Mathieu J E. The dimensions and antecedents of team virtuality[J]. Journal of Management，2005，31(5)：700-718.）

2.1.2 影响团队虚拟性的因素

团队在组织边界内运作，有时跨越组织边界，需要执行多个任务并使用不同的技术。这意味着我们必须考虑现实团队面临的压力，使团队虚拟性程度更有利于实现团队有效性。由此，研究者发展了虚拟性前因变量的简约理论，构建出包含三种影响团队虚拟性因素的模型，这些前因变量可能导致更低或更高水平的虚拟性。该模型包含团队情境特征、任务-媒介-成员相容性和时间动态性。

1. 情境特征

情境特征是指嵌入团队的更大的系统。网络、联盟、伙伴关系、蜂窝设计、虚拟安排和多团队系统等不断变化的工作安排和形式表明，团队不再孤立于一个传统设计的组织内，团队成员现在需要管理多种外部关系。在这里，我们将注意力集中在情境特征上，这些特征使团队成员使用更多的虚拟工具进行协作。

（1）跨越边界的数量

第一个情境特征是跨越边界的数量。跨越距离边界视角的研究表明，当来自同一组织的成员工作距离超过 30 米时，他们的日常接触将减少，非正式、面对面互动的频率将下降。跨越组织边界视角的研究表明，跨组织团队将比同组织团队更依赖于虚拟互动。同样，由在不同的文化、国家或时区工作的成员组成的团队更加依赖虚拟工具。尽管一些全球虚拟团队设法定期面对面集会，但由于成本和时间的限制，全球虚拟团队面对面集会的频率可能会比同国家团队低得多。此外，这些团队将更倾向于使用丰富度较低的异步交互模式（如电子邮件），而非丰富度较高的同步交互模式（如视频会议）。因此，随着跨越边界（如组织、国家、文化、时区）的数量增加，团队虚拟性增加。

（2）团队成员的同位比例

第二个情境特征是团队成员的同位比例。在许多现代团队配置中，经常有一些成员位于同一位置，其他成员位于不同位置。事实上，团队成员中可能存在子团队，子团队往往位于同一位置，不同子团队位于不同位置并通过虚拟手段进行联系协作。因此子团队具有面对面团队和虚拟团队相结合的特征。显然，处于共同地理位置的团队成员增加了面对面互动的机会。事实上，地理上分布较远的团队比地理上邻近的团队更容易使用先进的通信技术。因此，随着同位团队成员比例的降低，团队虚拟性增加。

（3）团队规模

第三个情境特征是团队规模。团队规模可能会由于以下四个原因影响团队虚拟性的水平。第一，随着团队规模的扩大，交通和时间成本的增加，整个团队面对面聚集和协调的机会将减少，更大规模的团队协调开展面对面会议必然更加困难。第二，研究表明，随着团队规模的增长，团队互动过程的质量下降。第三，无法面对面交流意味着成员将使用更多的异步通信方式。第四，更大的团队规模导致更高的缺勤率。所以当团队成员通过虚拟媒介进行交互时，较大规模的团队比较小规模的团队更可能使用异步通信方式（例如电子邮件），因为同步通信方式（例如视频会议）要求同时聚集所有团队成员，这在大规模的团队中很难实现。因此，随着团队规模的增大，团队虚拟性增加。

2. 任务-媒介-成员相容性

任务-媒介-成员相容性是指团队任务的性质、可用技术和团队成员的相对能力之间产生的协同作用。显然，在符合团队成员的能力和偏好的前提下，一些技术比其他技术更适合完成某些任务。一般来说，如果手头的任务适合虚拟协作手段，成员有能力并愿意使用虚拟技术，而且团队有适当的虚拟工具可供他们支配，他们会选择以更高的虚拟性进行工作。

（1）任务复杂性

任务-媒介-成员相容性的第一个方面是任务复杂性。团队任务可以从简单到复杂，这对理解团队效能至关重要。研究者从功能互依关系的角度对团队任务复杂性进行分类，其包括密集型功能互依、顺序型功能互依、交互型功能互依。其中密集型功能互依的团队效能本质上是成员贡献的总和[①]。销售团队通常以这种方式运作，例如共享产品、服务和客户信息的数据库。顺序型功能互依描绘了一个经典的装配线，其中一个成员的输入是另一个成员的输出。假设时间压力很小，团队成员倾向于采取信息价值相对较低的虚拟技术，然而维持交流的同步性

① Rico R, Hinsz V B, Davison R B, et al. Structural influences upon coordination and performance in multiteam systems[J]. Human Resource Management Review, 2018, 28(4): 332-346.

十分重要。交互型功能互依则描绘了一种工作在成员之间来回传递的情况。为减少任务交换的时间，使用承载更高信息价值和更同步的技术可能会更好。

团队任务的高度互依性要求成员之间实时协作，并对彼此施加压力，以持续保持任务感知、相互监控、平衡工作负载和执行备份行为。显然，这些操作都需要以高信息价值和同步技术进行优化。总体而言，密集型功能互依任务要求团队成员之间使用较少的虚拟交互，因此，随着任务复杂性水平的增加，团队的虚拟性降低。

（2）团队成员能力

团队成员能力是任务-媒介-成员相容性的第二个方面。团队成员能力会影响各类型团队的成功，虚拟团队也不例外。就能力的类型而言，虚拟团队成员需要在三个领域达到更高的能力水平：一是任务工作；二是团队合作；三是与虚拟性有关的知识、技能、能力和其他特性（如个性或性格），简称KSAO。特别是为了在虚拟团队中有效运作，成员必须熟悉各种技术。成员除必须精通虚拟工具的使用外，还需要掌握虚拟工具的使用规则和共享心智模型的开发，即通过何种类型的工具、在何时、为何目的以及传达怎样的信息。简单来说，仅仅知道如何使用技术是不够的，团队成员还必须知道如何利用技术来促进与团队任务相关的流程。如果成员拥有与团队虚拟性相关的KSAO能力，并可熟练应用团队流程协调和执行的虚拟手段，那么团队就能更好地利用虚拟交互。

3. 时间动态性

时间在团队过程中起到重要作用，团队需要根据不同的时间动态来决定使用何种技术。下面探讨时间对团队过程和绩效影响较大的三个方面及其对虚拟性三个维度的影响。

（1）任务完成的可用时间

时间动态性的第一个方面是任务完成的可用时间。以往的研究表明，团队通过虚拟手段进行运作会比面对面的方式需要更长的时间。然而，虚拟性允许组成跨越地理时区和组织的团队，在一定程度上也能节省时间。因此核心问题是，在给定个体的特定构成后，通过虚拟手段，工作能否比其他方式更迅速地协调起来。如果面对面会议导致周期变长，不利于实现团队的有效性，成员则更可能使用虚拟协调手段，反之亦然。自适应性结构化理论认为，团队成员越是将先进技术视为能够减轻协调负担、改善团队工作的方法，他们就越有可能采用这些技术。因此，如果可用的虚拟工具使团队能够更快、更高效地完成工作，那么团队虚拟性就会增加。

（2）团队的演化和成熟

时间动态性的第二个方面是团队的演化和成熟。研究者很早就关注到，团队会随着时间的推移而演化，类似于一个生命周期。时间模型包括形成—震荡—规范—执行—解体五个阶段，这类模型的基本逻辑是团队的生命周期对虚拟性的作用产生影响。具体来说，不同形式的互动可能更适合协调团队不同成熟阶段的行动。从社会心理的角度来看，在群体形成的早期阶段，最好使用具有较高信息价值的同步虚拟工具来传达细微的信号（如视频会议）。一旦团队建立了交互和完成任务的过程，并产生信任后，成员就可以有效地使用异步和精简的协调方式。

一般来说，虚拟交互并不总是比面对面工作更好或更坏，抑或是同步虚拟工具或信息价值更高的工具并不总是比其他工具更好。我们需要探讨的问题是何时使用何种工具更有利于工作以及使用哪种虚拟工具在团队发展的不同时期会更有益处。对于一般规律，在团队发展的早期阶段虚拟性较低，这是因为成员们寻求制定与任务相关的策略，并决定他们将如何自组织。随着时间的推移，团队从早期的形成—震荡阶段发展到规范—执行阶段，其虚拟性水平可能在不断提高。因此，团队的虚拟性将随着其发展阶段的不同而有所不同。一般来说，团队在开发早期阶段的虚拟性较低，在生命周期后期阶段的虚拟性较高。

（3）团队过程的节奏

时间动态性的第三个方面是团队过程的节奏。团队过程即团队在不同时间执行不同任务的过程，简单而言可以分为过渡阶段和行动阶段。过渡阶段是指当团队从一个时期过渡到另一个时期时执行任务分析、目标规范和战略制定等的过程，这样的过渡阶段要求更频繁地进行面对面会议，而对虚拟协作的需求更少[①]。相比之下，行动阶段是指团队在完成工作任务时执行诸如协调、监测环境和备份行为等的过程。团队在行动阶段将减少对战略和规划的关注，更有可能采

① Kirkman B L, Mathieu J E. The dimensions and antecedents of team virtuality[J]. Journal of Management, 2005, 31(5): 700-718.

用虚拟协作的方式以完成任务。团队过程的节奏类似于时间夹带现象。在团队情境中，夹带是指一个循环的团队过程节奏成为被另一个节奏捕获并与其振荡的过程。团队在过渡阶段和行动阶段的循环中采用不同的虚拟工具，这正是夹带现象的体现。团队的虚拟性将取决于团队在特定时间内执行任务的性质。一般来说，虚拟性在过渡阶段较低，而在执行阶段较高。

2.1.3 虚拟性在团队中的作用

1. 虚拟性对核心团队特征的影响

虚拟组织工作的关键优势之一是，一个组织可以协调多个员工和承包商的投入与行动，而无须他们处于同一地理位置。这表明，虚拟性可以为组织在组建团队时提供灵活性，以解决问题和寻求新的机会。然而，团队的概念假定群体成员共享一个共同的目标和一组相互依赖关系，这是团队在群体中的成员所特有的。成员除了要履行对团队的个人责任外，还必须进行互动，以便管理异常、完成任务，并对即将开展的工作和不断变化的情况制订计划。与之形成鲜明对比的是由个体工作汇集而成的群体，任何直接互动的需求都相对有限。因此，相对于非团队的群体，沟通的质量对于虚拟互动的真正工作团队尤为重要。

当任务通过技术进行协调时，与面对面的交流相比，对沟通的丰富性有相当大的影响，例如，缺乏传达意义的非语言和副语言线索，无法识别交流接收者是否已经完全理解给定的信息。有研究人员指出，仅仅把具备所需知识和技能的人聚集在一起，实际上并不能保证他们能够在不同的环境中有效工作和创新。如果在团队行动周期的关键阶段依靠技术媒体的沟通，那么沟通困难将加剧。由此，我们认为团队虚拟性的潜在优势和挑战将在很大程度上取决于经常被研究团队的某些特征。接下来我们将探讨团队虚拟性的水平如何单独影响底层团队特征并促进关键团队结果。表 2-1 总结了核心团队特征和团队结果之间的关系。

表 2-1 虚拟性和核心团队特征对团队结果的影响

核心团队特征	团队效率	团队表现	团队学习 & 适应	成员满意度	成员身份认同
技能多样化	消极	消极	消极	消极	消极
时间稳定性	积极	积极	积极	积极	积极
权利分化	积极	中性	消极	中性	消极

资料来源：Perry S J，Lorinkova N M，Hunter E M，et al. When Does Virtuality Really "Work"? Examining the Role of Work-Family and Virtuality in Social Loafing[J]. Journal of Management，2016，42(2)：449-479.

（1）技能多样化

技能多样化是指成员具备专业知识或能力的程度，使每个成员或多或少难以替代。技能多样化表示团队成员在职能专长和职责上的差异，即使在缺乏虚拟性的情况下，技能多样化也对有效协调构成了一定障碍。例如，个体对知识库和视角观点存在不同，通常源于教育背景、培训、工作经验等方面的差异，这些差异增加了团队中的任务冲突。研究还表明，由来自不同功能背景和具有不同专业知识的个体组成的团队，会导致工作任务的无效沟通和协调，从而限制了团队利用每个成员提供的知识深度的能力。

媒介通信特别限制了“多色交互和调整”，因为这需要在具有不同专业知识和视角的各方之间传递复杂的信息。其中一个主要挑战来自所谓的语义信息距离，它是指双方拥有不同的语言体系和知识造成的差距，往往必须弥补在信息交流上的差距。当发送者和接收者面对面交流时，双方的语义信息距离可以更容易地对接，不仅可以提供言语线索，还可以提供非言语线索。例如，在面对面发言时，发言者通常从预期接收者的面部表情和语音语调中确定他们抽象的信息以判断是否需要以更简单明了的方式重述，或者是否需要定义某些可能被假定为常识的术语。

当虚拟交流不同步时，技能多样化使得团队面临更大的挑战。假设具有不同专业知识或培训经历的团队成员通过异步技术（如电子邮件）进行交流，成员往往既没有时间也没有意愿延长讨论以解决歧义，而是基于不确定的理解继续进行。这对于同质团队，即技能分化程度较低的团队来说影响不大，因为成员之间的语义信息距离很小。然而，即使在技能多样化程度较低的团队中，也不是所有的团队成员都能流利地以书面形式来交流自己的想法和建议，因此异步虚拟工具会严重阻碍其他成员所收到的信息质量。此外，隐性知识不能通过严格的口头或书面手段来传达，因此即使拥有最丰富的虚拟交流形式，在高技能多样化的团队中也很难轻易打破隐性知识的鸿沟。

依赖于技术媒介的沟通加剧了高技能多样化团队中关联语义信息距离的沟通缺陷。异步沟通产生的沟通障碍，特别是在技能多样化的群体中，很可能会影响到整体的团队结果。当沟通错误时，任务或其他互动需要重新考虑或完全重做，则会扰乱团队效率和适应性。如果成员不能完全理解他们的不同技能所提供投入的独特价值，那么团队将无法结合自己的专长来实现团队过程、服务或产品创新。依照顾客满意度或项目完成度等标准所反映的团队绩效，不仅会受到效率低下的影响，还会受到沟通不畅所导致的责任追究失败的影响。最终，这种沟通困难将阻碍成员在团队中的融合，并降低其在与其他成员的互动中获得的满意度，这对于成员个人认同团队至关重要。最后，成员在进行同步交流的同时，可以充分接触到面对面互动所提供的言语和非言语信息，从经验中学习如何改善团队职能是最有效的。综上所述，更高水平的团队虚拟性将在技能高度多样化的团队中带来更大的挑战。随着对虚拟沟通模式依赖程度的增加，技能多样化对团队效率、绩效、适应、创新和学习以及成员对团队的满意度和认同感等产生的影响随之减少。

（2）时间稳定性

时间稳定性定义为团队成员过去有合作历史的程度和对未来共同工作的期望。具有共同工作历史的团队彼此制定隐性规范和某些熟悉的规则，从而大大地减小了如何完成任务的不确定性。同样，期望在未来继续合作的团队更有动力投入时间开发这些规范和心智模式，以更好地促进工作顺利完成。团队成员中的时间稳定性能够促进团队成员之间的心理联系和团队认同的发展。这些联系提高了成员对团队的满意度，并增加了成员之间为集体需求和目标贡献努力的意愿和时间。

相反，缺乏历史合作或不期望在未来继续合作的团队通常是为了完成特定任务而聚集的（例如航空人员、外科团队、项目团队），这些团队的成员经常在工作完成后解散。团队成员在团队生命周期中具备一定的流动性，个体成员由于更广泛的任务环境性质的变化而加入和离开团队。此外，高水平的虚拟团队（例如全球虚拟团队）的成员在团队组建之前往往缺乏共同的工作历史。在这些情况下，团队成员对彼此的了解甚少，这往往有助于建立信任与团队规范、发展团队心智模型。随着团队虚拟性水平的增加，相对于面对面的互动，沟通丰富度的缺乏将给这类团队带来更大的挑战。同样，不期望未来保持完整的团队缺乏时间开发高集体效能模型和丰富的团队心智模型，这两种模型都对团队适应和绩效至关重要。

如果成员共享所有可能对团队有用的信息，那么在低时间稳定性的团队中，基于虚拟技术的通信是有益的。这是因为虚拟媒体可以允许与多方交流，而无须增加任何工作量或时间。然而我们曾提到过在决策中成员更倾向于关注成员之间已经共享的信息，他们不太可能与团队分享独特的信息。此外，由于他们缺乏对未来的期望，不熟悉的成员之间通过技术通信产生的摩擦也可能加剧成员的不满。因此，虽然虚拟性对低时间稳定性的团队在效率方面可能有一些好处，但它对于需要收集来自不同成员的独特或新颖信息（如创新和适应）的团队结果是不利的。随着团队成员对彼此的熟悉程度的提高，他们也会发展出一种促进互动的共同理解，这使得团队能够更充分地利用基于技术的通信来共享信息，从而减弱上面提到的虚拟通信的缺点（例如通信错误、信息误差）。虽然团队学习、适应和创新等结果在面对面团队中得到了较大支持，但当团队必须以虚拟通信为主时，其将从更高的时间稳定性中显著受益。因此，随着团队虚拟性的增加，时间稳定性会对团队效率、绩效、适应、创新和学习以及成员对团队的满意度和认同感产生更有利的影响。

(3) 权力分化

权力分化定义为决策责任在多大程度上归属于个体成员、子团队或整体团队，高权力分化的团队更多的是集中决策过程，低权力分化的团队更多的是分散决策过程。这个维度代表了当成员不可能就手段或目的达成协议时，集权在确保满足团队需求方面能够发挥的作用。团队的权力分化和角色分化水平是主要标准，可评估团队是否处于从“紧密耦合”到“松散耦合”的连续体上。权力分化水平较低的团队，如成员共同维持决策权力，被认为是松散耦合的，一般来说，紧密耦合促进效率以及知识深度、绩效数量、内隐协调等相关结果，而松散耦合促进适应性以及知识广度、绩效质量、灵活性和个人责任等相关结果。

高度结构化的团队在不需要处理大量信息时，可以非常高效且高绩效。然而，委托或组织团队的管理者往往会认识到囤积决策权和限制成员自主性的缺陷。基于这样的期望，当团队任务和环境情境不需要经过高度培训或专业化的团队成员时，团队领导对成员行为和与团队相关的决策具有广泛的权威性。在这样的背景下，团队领导者可能是团队外部的，能够有效地理解每个成员面临的突发事件。在这样的条件下，成员对自主性的期望会更低，成员之间的语义信息距离最小。巧妙地运用基于权威的权力往往能够确保团队效率，为成员士气提升花费的成本也很小，但此时对团队创新的要求或期望很可能较低。同样，团队领导也可以注重高效执行任务的方式指导团队学习，就像军官在作战中指挥常规部队那样。

总之，当环境对团队领导者来说相对容易理解，而成员的技能水平并不高时，高权力分化使得技术媒介的沟通能够促进团队效率和提高绩效。领导能够通过向位于多个遥远地方的团队成员传达大量信息，使团队成员的行动适应不断变化的需求。因此权力集中将对成员技能水平较低的团队结果产生更有利的影响。然而，往往激励团队形成的多样化技能是高度专业化的，这时集中权力的做法将产生问题。领导共享权力与团队效能正相关，尤其是当团队面临非常复杂的动态环境时，这些环境需要成员具有高水平技能，而适应和学习技能更重要。在依赖虚拟交流的研究和开发团队中，分散决策结构与团队绩效正相关，而集中决策结构则与团队绩效不相关。团队成员的互动质量，即交流的丰富性和频率，这些状态在技术型团队中尤为重要。权威分化程度高的团队往往无法制订出能够使其共享信息并以支持适应和创新的方式相互学习的互动模式。除此之外，成员可能无法培养对团队的认同感和归属感。当成员在专业知识上存在较大差异且主要通过虚拟媒体进行沟通时，成员将存在人际障碍进而降低团队认同感和归属感。因此高权力分化会对高技能团队效率、绩效、适应、创新和学习以及成员对团队的满意度和认同感产生不利影响①。

2. 虚拟性对团队合作的影响

一个团队的虚拟性水平可以缓和心智模型的复杂性对团队合作行为的影响。随着虚拟性水平的提高，心智模型的复杂性与相互绩效监控、备份行为和适应性

① Perry S J, Lorinkova N M, Hunter E M, et al. When Does Virtuality Really "Work"? Examining the Role of Work-Family and Virtuality in Social Loafing[J]. Journal of Management, 2016, 42(2): 449-479.

之间的关系将变得更加消极。身体和时间上的分散可能会限制团队成员在团队共享心智模型框架内观察和解释他人绩效的能力。随着虚拟性的增强，团队成员在理解或提高对他人绩效的认识上的同步沟通和化解差异能力将受到进一步的限制。因此，随着虚拟性水平的提高，心智模型的复杂性与相互绩效监控的有效性之间的关系将进一步变差。

同样，虚拟性的增加也会对心智模型的复杂性与备份行为之间的关系产生负面影响。随着团队成员之间地域和时间差异的增大，对其他团队成员需求的预期能力可能进一步恶化。如果两个团队成员有不重叠的工作时间表，一个人可能很难甚至不能预料到另一个人需要什么。如果团队成员 A 正在执行的任务，团队成员 B 可以进行协助，但是团队成员 B 已经完成了一天的工作，那么就不可能发生备份行为。此外，如果任务需要按照特定的顺序执行，团队成员的时间邻近性也会影响其进行备份行为的能力。因此，团队成员及其角色的地域和时间分散性将进一步恶化团队心智模式的复杂性与备份行为之间的关系。

虚拟性水平还会负向影响心智模型的复杂性与团队适应性的关系。当团队成员存在于同一地点时，由于他们都在相同环境中进行测量，团队成员之间可以共享对环境条件或任务需求变化的认知需求。随着团队变得更加虚拟化，即更加分散，评估环境的责任也被分配给每个处于独特位置的团队成员。此外，当团队成员分散在多个地点时，成员不太可能遇到相同的环境条件。团队成员的心智模式不仅包含对自身环境的认识，还包含对其他团队成员的认知。团队成员必须了解自身环境的变化对其他团队成员的影响。因此，随着虚拟性水平的增加，环境的规模和复杂性增加，对团队成员预判和解释这种环境的需求也将增加。

除了提高对监测团队环境变化的要求外，共享有关变化的信息并就如何应对这些变化达成协议的需求也随之增加。高水平虚拟性的时间界限可能限制团队共享和理解这些信息并有效适应的能力。这种信息共享能力的延迟可能会降低团队在情境中的适应能力，也会将团队的反应限制在具有时间敏感性的特定响应中[①]。因此，环境规模的增加以及高度虚拟性所施加的限制，将会加剧心智模型的复杂性对适应性的负面影响。

---

① Schmidtke J M, Cummings A. The effects of virtualness on teamwork behavioral components: the role of shared mental models[J]. Human Resource Management Review, 2017, 27(4): 660-677.

3. 虚拟性对信息共享的影响

信息共享是团队利用其可用信息资源的主要过程。如果信息在团队成员之间得不到有效共享，团队就无法充分利用最初分布在整个团队中的信息资源。研究表明，团队会花费更多的时间讨论所有团队成员共同持有的已经知道的共享信息，而不是单个团队成员所特有的未共享信息。因此，我们下面将探讨独特性信息共享和开放性信息共享。

（1）独特性信息共享

团队交互的虚拟性可能会影响团队中共享信息的数量和类型。面对面的交流更容易协调，拥有额外的非语言信息以及更多的观察行为和建立信任的机会。而通过计算机媒介或虚拟媒介进行交流同样具有许多优势，包括会话不受社会规范和群体压力的抑制，减少了生产阻塞和评价恐惧的可能性，更方便直接地接触问题相关信息的团队成员，拥有更多沟通、决策、权衡和消化团队成员共享信息的机会，以及有更多的时间来考虑和研究团队讨论的贡献。虚拟交流在面对面的会议中存在弱点，如沟通错误的可能性增加，缺乏温暖和非语言的暗示，潜在的沟通脱节，需要一定水平的计算机分析能力，但虚拟交流的优势能够允许更多的信息共享发生。

与低虚拟性团队和面对面团队相比，高虚拟性团队更有机会通过其他成员共享的信息进行分析，在做出回应之前充分思考，并对其他成员提出的问题进行研究。这种由交流时滞产生的额外信息加工时间使得个体能够在面对面的会议中处理更深层的信息，并从另一个角度加以考虑。虚拟交互在这种异步方面增强了这类团队共享独特信息的潜力。此外，高度虚拟的计算机中介传播的首要优势是社会均衡。在高虚拟环境中，团队成员地位和位置的暗示较少，因此，少数群体和地位较低的群体成员觉得他们的影响力更大。这种影响带来的公平使得一致性压力降低，减少了表达不同想法的恐惧，两种情况都增加了团队成员分享独特信息的可能性，在人际风险更大的面对面场合他们可能会犹豫不决。因此高虚拟性团队将比低虚拟性团队和面对面团队共享更多独特性信息。

（2）开放性信息共享

虽然虚拟交流很可能通过平衡状态而有利于独特性信息共享，但并非所有的效果都有益。具体来说，虚拟性可能会抑制开放的信息共享，因为它比面对面的互动更加繁琐。此外，由于高虚拟性团队使用信息价值和同步性较低的媒介，相对于低虚拟性团队和面对面团队，能够发生的信息共享的整体数量有所减少。与低虚拟性工具或面对面交流相比，使用高虚拟性工具传递同样数量的信息需要更长的时间，这可能是由通信线程的延迟性以及键入文字而不是直接发言所需的相对时间导致的①。因此，高虚拟性团队成员可能倾向于减少冗余信息和在同步介质中将其消息限制在与问题相关的唯一信息中。此外，高度虚拟的通信工具，如电子邮件、信息库、群组支持系统等，内在地创造了信息交流的记录，减少了后续通信中重复信息的倾向和必要性。总而言之，由于高虚拟性团队需要更简洁地交换他们的信息，并且他们的虚拟工具充当了外部的群体记忆，因此高虚拟性团队将比低虚拟性团队和面对面团队共享更少的开放性信息。

4. 虚拟性对社会惰性的影响

社会影响理论认为虚拟性以及团队成员之间的物理距离能够导致社会惰性。一些形式的技术，如团体电话会议或决策支持系统，可能会通过增加个人贡献的匿名性和减少对队友的面对面问责来减少社会影响，这使得个体在高度虚拟的情境中对团队任务付出的努力较少。此外，研究表明，远距离的牢固关系很难建立，这将导致成员与同事的社会关系较弱，团队凝聚力降低，也将促使个体独自完成任务。由此可知，团队虚拟性与社会惰性之间存在积极的关系②。

然而，物理距离的增加也提供了更多的灵活性，可以引发生产行为，也可能导致反生产行为，这取决于个体。也就是说，一些个体可能利用与虚拟性相关的灵活性，在非高峰期（如孩子睡觉时）完成工作，从而减少社交活动。与媒体丰富度理论一致，一些虚拟通信工具可能会增加个体贡献的显著性，降低个体社会惰性。事实上，团队虚拟性可以减少社会惰性，特别是高度自主的专业人士、强调个人贡献的团队和具有高优先级的任务团队。由于虚拟性与社会惰性的关系比单纯的主效应更为复杂，并且依赖于附加的边界条件，因此，虚拟性对社会惰性的影响仅仅作为其中一个调节因素。

---

① Mesmer-Magnus J R, DeChurch L A, Jimenez-Rodriguez M, et al. A meta-analytic investigation of virtuality and information sharing in teams[J]. Organizational Behavior and Human Decision Processes, 2011, 115(2): 214-225.

② Perry S J, Lorinkova N M, Hunter E M, et al. When Does Virtuality Really "Work"? Examining the Role of Work-Family and Virtuality in Social Loafing[J]. Journal of Management, 2016, 42(2): 449-479.

2.2 虚拟团队概述

1. 虚拟团队的定义

迄今为止虚拟团队还没有一个统一的定义，随着有关虚拟团队的文献增多，虚拟团队的定义也随之激增，但其核心定义有相当大的重叠，只是具体细节略有变化。更进一步来看，研究者正在从将虚拟团队定义为一种与“传统”或“常规”面对面团队形成对比的团队类型转向将“虚拟性”作为团队的潜在特征。

到目前为止，大多数定义认为虚拟团队是一个依赖技术媒介进行沟通，同时跨越多个边界的职能团队。其中常见的是地理、时间和组织方面的边界，几乎所有的定义都涵盖了前两个边界。在地理边界的跨越上，研究者认为与面对面团队相比，虚拟团队的成员不拘泥于同一物理位置，可以分布于世界各地，形成“全球虚拟团队”。在时间边界的跨越上，由于成员所处时区等的不同而产生了时间边界，使用异步通信媒体同样限制了团队成员实时交互的能力。在组织边界的跨越上，虚拟团队成员往往通过外包机构等从不同组织中抽取。与上述三项被普遍纳入定义的特征相比，部分研究者关注到虚拟团队某些尚未被普遍采用的特征，例如，虚拟团队往往被认为成员流动性更强，生命周期更短①。

进一步明确虚拟团队的定义需要对比各种形式的虚拟化工作的不同。研究者通常根据参与的人数和他们之间的互动程度来进行区分。第一种是远程办公，在电信或网络服务的帮助下，部分或完全在公司的主要工作场所之外进行。第二种是虚拟小组，当多个远程工作者合并并且每个成员向同一经理报告时，就存在虚拟小组。第三种是虚拟团队，当虚拟小组的成员为了实现共同的目标而交互时，就存在一个虚拟团队。第四种是虚拟社区，虚拟社区是一个更大的分布式工作实体，成员在共同目的、角色和规范的指导下，通过互联网参与其中。与虚拟团队相比，虚拟社区不是在组织结构中实现的，而是通常由其一些成员发起，例如开源软件项目或科学合作实验室。除了这些普遍的区别之外，虚拟团队更具体的定

① Martins L L，Gilson L L，Maynard M T. Virtual teams：what do we know and where do we go from here? [J]. Journal of Management，2004,30(6)：805-835.

义仍然存在争议。作为最小共识：虚拟团队由两个或两个以上的人组成；通过交互协作以实现共同目标；至少一个团队成员在不同地点、时间或组织工作；交流和协作主要基于电子通信媒体。

虚拟团队的早期定义试图对比面对面团队，因此专注于物理距离的分散和基于技术的交互。然而，随着研究的视线转向现实中的团队形式，虚拟团队的定义已经开始转变和细化。传统定义未能关注的一个问题是技术参与的程度，一方面，一些研究人员明确指出，虚拟团队是专门通过电子通信媒介互动的团队，排除了面对面团队；另一方面，一些研究人员放宽了这一限制，认为只要大多数互动以虚拟方式进行，一些面对面交流也属于虚拟团队。不过，这模糊了将团队归类为虚拟团队的电子通信比例的界限。为了试图超越什么是或不是虚拟团队这个无法解决的潜在理论问题，近年来的定义反而集中在一个团队的虚拟程度上。因此，近年来的定义强调了虚拟交互的普遍性，并指出一个不使用任何通信技术的纯面对面团队在现今的组织中是罕见的[①]。团队的虚拟性水平可能会根据任务的性质、技术资源和成员的技能和能力的不同而有所不同，从这个角度来看，团队的虚拟性是团队特征中的一个方面。

因此，前沿研究关于虚拟团队的定义既包含了虚拟团队的传统维度，也强调了虚拟团队首先是团队的事实，将虚拟性视为团队的特征。通过结合传统的和前沿的定义，我们将虚拟团队定义为其成员不同程度地使用虚拟通信技术跨位置、时间和关系边界进行工作，以完成相互依赖的任务的团队。

2. 虚拟团队的特征

我们所提出的定义侧重于与“团队性”相对应的“虚拟性”，而不是简单地描述输入要素。这种再概念化对于虚拟团队研究的范式进展很重要，因为它鼓励人们关注并理解虚拟团队的功能，而不是简单地将它们与面对面团队进行比较。由此提出虚拟团队具有如下特征。

（1）跨越组织边界

虚拟团队最显著的特征是跨越不同组织边界。位置边界是指团队成员的任何物理分散，如不同的地理位置或同一地理位置的不同工作场所；时间边界包括生命周期和沟通的同步性，生命周期描述了团队的暂时性或持续性的程度，而同步性是指

---

① Hertel G, Geister S, Konradt U. Managing virtual teams: a review of current empirical research[J]. Human Resource Management Review, 2005, 15(1): 69-95.

成员在团队任务中进行沟通的时机；关系边界是指虚拟团队成员关系网络上的差异，即他们与其他团队、部门、组织和文化子团队的隶属关系①。一般来说，团队成员更倾向于在自己的关系网络中寻求认同而不是跨团队关系网寻求。但是，虚拟团队可以重叠多个关系网络，使团队的成员基于所拥有的知识而不是个性特征。在这样的团队中，成员必须跨越承诺、动机、知识库和工作风格等方面的差异。

（2）协作性

虚拟团队的跨组织边界要求成员相互依赖、协调一致地行动。他们受到一个共同目标的指引，通过现代信息技术相互沟通，二者共同构成成员之间的相互信任关系②。

3. 虚拟团队与传统团队的差异

虚拟团队的基础是团队，但在多方面与传统团队存在一定差异③，如表2-2所示。

表2-2　虚拟团队与传统团队的差异比较

对比项目	传统团队	虚拟团队
组织结构	垂直化	扁平化
边界	未跨越时间、空间和组织边界	跨越时间、空间和组织边界
办公场所	集中	分散
沟通方式	面对面沟通	虚拟通信技术
文化和教育背景	相同或互补	多样化
成员构成	来自组织内部	来自组织内部或外部
成员稳定性	固定	流动
成员邻近程度	地理位置接近	地理位置分散
管理方式	基于角色	基于任务
作业流程	串行	并行
信息和知识	不共享	共享（通过共享数据库）
对信息和通信技术的依赖程度	较弱	较强

资料来源：何瑛. 虚拟团队管理：理论基础、运行机制与实证研究[M]. 北京：经济管理出版社，2003.

① Martins L L，Gilson L L，Maynard M T. Virtual teams：what do we know and where do we go from here? [J]. Journal of Management，2004，30(6)：805-835.

② 张国才. 团队建设与领导[M]. 厦门：厦门大学出版社，2005.

③ 肖伟. 虚拟团队管理[M]. 成都：电子科技大学出版社，2007.

第 3 章

虚拟团队中的信任与沟通

上一章我们介绍了团队虚拟性和虚拟团队的概念，虚拟团队借助通信和信息技术来进行沟通，其速度和深度可以满足组织变革和知识创新的要求。与传统团队相比较，虚拟团队具有跨越时空限制和组织边界的特点，在沟通媒介和人际互动方面展现了一些新的特点和规律，在沟通过程、模式、绩效等方面给学术研究提供了新的空间[①]。本书关注到由于虚拟团队采取虚拟电子技术作为沟通媒介，这直接影响到团队成员间的沟通行为和信任感，对虚拟团队中领导力、激励和管理行为等的研究都要基于这种特定的沟通环境，若想试图发挥以上因素对团队绩效的积极影响，最重要的就是帮助团队成员进行有效的沟通和建立信任。因此本章主要介绍了有关虚拟团队的信任与沟通的前沿研究。

① 谭晓燕，李莉. 基于互动的虚拟团队沟通研究综述[J]. 科技与管理，2011，13(2)：36-39.

3.1 虚拟团队的沟通行为

3.1.1 虚拟团队沟通概述

1. 虚拟团队沟通的概念及特征

传统上，沟通被定义为一个由发送者、接收者、媒体和信息组成的基本四元模型，如图 3-1 所示。

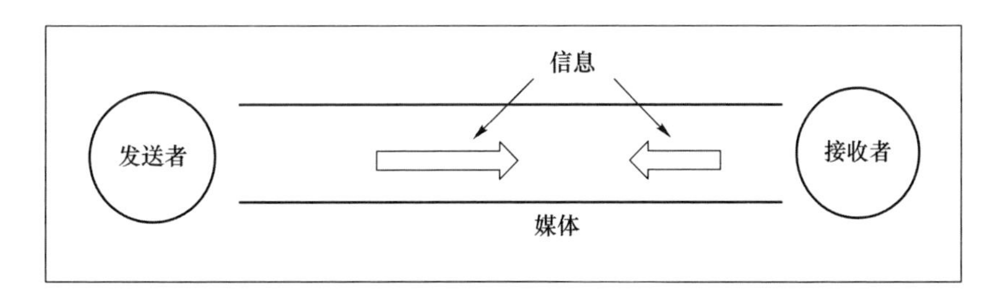

图 3-1 传统沟通模型

（资料来源：肖伟. 虚拟团队管理[M]. 成都：电子科技大学出版社，2007. ）

这个传统沟通模型包含三层含义：第一层含义是指媒体，媒体是特定的通信介质和信息载体；第二层含义是指互动，指在发送者和接收者之间信息的单向/双向、同步/异步流动；第三层含义是指人际关系，指沟通是建立和保持关系的手段，涉及信任、互惠和社会网络等深层次问题。与传统团队相比，虚拟团队的沟通行为呈现不同的特征，主要体现在 3 个方面。

（1）时间特征

时间特征指当团队成员不在同一时间工作时，由特定的组织制度或时区差异造成的时间差异。特定的组织制度包括弹性工作时间制、24 小时三班轮换制等。对于采用 24 小时三班轮换制的团队，早、中、晚班的成员尽管处于同一办公室，却很难同时集中在一起，给团队沟通带来了诸多不便，尤其是在需要安全成员共同参与的紧急情况下。而时区差异因素则是全球虚拟团队面临的重要沟通问题之一，工作在相同时区的成员能够进行同步互动，而工作在差异较大时区的成员只能进行异步沟通。

（2）空间特征

跨地域分布使得面对面沟通成为稀缺资源，成员主要依靠技术手段（如电子邮件）支持的方式进行沟通。电子沟通方式使远距离、快速交流成为现实，但同时也对团队成员和管理者合理运用沟通媒体提出了更高要求。

（3）文化特征

虚拟团队的文化差异体现在国际差异、组织差异以及功能差异（如工程师和销售人员）等方面，语言、工作习惯、个性特征、民族、教育、观念、沟通方式、公司文化、非正式组织等种种可预见和不可预见的因素，使得沟通难度大大增加了①。

虚拟团队在沟通方面面临的这些挑战，需要在沟通技术的选择与使用方面考虑更多的因素：让孤立的团队成员感到他们是团队整体中的一员，解决时区差异、文化差异等显著问题，有效评估成员绩效，以及为不同的沟通需求提供合适的技术并确保团队成员掌握该技术。

2. 虚拟团队与传统团队沟通的差异

传统团队中团队成员集中工作，成员间分工明确，成员间面对面的交流较多；虚拟团队在依靠电子信息技术铸就的不受地域、时间和组织边界影响的虚拟空间中工作，组织结构扁平，沟通渠道丰富，沟通方式也更为直接。具体来说，虚拟团队与传统团队沟通的差异主要表现在以下几个方面。

（1）沟通形式的差异

传统团队成员间一般采用链式沟通〔如图 3-2(a) 所示〕。传统团队中团队成员集中在一起工作，并且成员间分工明确、制度明确，成员间可以经常在一起进行面对面的交流，但同一级别部门间的沟通和交往往往较少且不能越级沟通。虚拟团队成员间采用网式沟通〔如图 3-2(b) 所示〕②。虚拟团队没有中央办公室，

---

① 肖伟，赵嵩正. 虚拟团队沟通行为分析与媒体选择策略[J]. 科研管理，2005，26(6)：56-60.

② 廖冰，纪晓丽，吴芳瑞. 虚拟团队的沟通分析[J]. 企业经济，2004(2)：41-42.

也没有正式的组织图，更不像传统的大型团队那样具有多层次的组织结构。虚拟团队成员分散在不同地区，借助于电子信息技术进行沟通，与传统团队不同，他们不能进行面对面的沟通，但在其沟通网络上的每一结点都可以与网上的其他任一结点进行沟通，较原先传统的情况更为直接，沟通的渠道也大为增加。

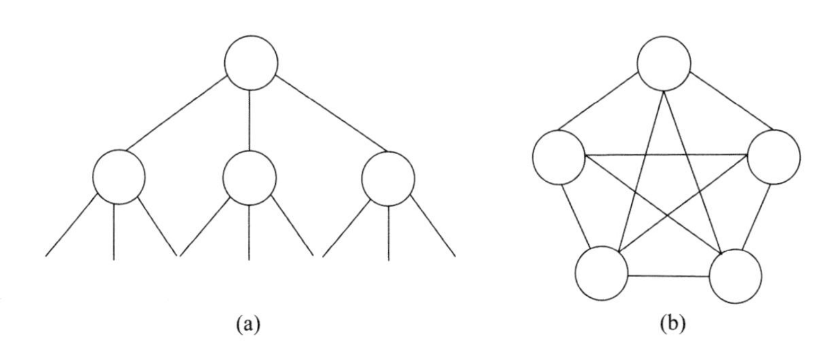

图 3-2　沟通形式

（2）沟通效能的差异

在传统团队中，成员间较多的见面和非正式沟通机会，使成员间信息的交流相对顺畅，沟通效能较高；而虚拟团队借助于计算机媒介和技术的沟通方式使得团队成员之间缺乏直接交流，相对于传统团队沟通效能较低。但从另一个方面讲，虚拟团队多样化的沟通媒介方式、团队成员间匿名性交流和受社会沟通控制影响较小的特点也可能导致更好的团队沟通效果。

（3）时空及沟通渠道的差异

传统团队中成员间在面对面交流和非正式的沟通中，运用口头交流和肢体语言等沟通方式，可以通过简单的动作传递很多信息，有助于团队凝聚力的增强。这样的信息传递不仅快速，而且在团队成员间有默契的时候，信息传递的准确性非常高。虚拟团队没有固定的工作地点，成员面对面交流的机会较少，从而无法通过面部表情、手势、语调等来传递信息，进而不能充分表达自己的观点、想法及态度。同时，由于工作距离及个人工作环境的疏远，交往的不足也易使团队成员间产生孤立的感觉，影响团队成员间的关系，甚至导致成员对团队共同的目标缺乏认同感。

（4）技术手段的差异

相对于传统团队而言，虚拟团队沟通主要依赖于技术手段的支持。但对于网络、多媒体等这一系列的软件及硬件的维护需要较好的技术支持和专业的技术人员，以便在遇到问题时能够及时解决。由于团队成员间的素质各有不同，所以可能存在团队成员无法熟练运用技术工具，进而影响沟通效果的情况。成员间技术熟练程度的差异也可能使得成员间的交流不能顺畅地进行，影响信息的反馈。

（5）文化的差异

传统团队中大多数团队成员都来自同一地方，对于习俗、礼节、行为方式等相互间都比较了解，通常沟通能够较为顺畅地进行；虚拟团队中成员分布的分散性导致成员间受各个地区或国家的文化影响较大，如观点、哲学、语言等方面，这在无形中给团队间的有效沟通增加了难度①。

3. 虚拟团队沟通的有效性

虚拟团队的成功可能是基于许多因素而变化的，如团队的动力、使用的技术、任务的状态等。但有效的沟通对于虚拟团队的成功至关重要。我们可以从虚拟团队沟通的两个相互联系的维度，即关系维度和任务维度出发，对虚拟团队的有效沟通进行研究。关系维度为团队成员之间的长期相互交流提供了基石，增强了他们沟通的愿望；而任务维度指的是如何通过沟通更好地处理项目中与任务有关的内容，如项目信息、任务及成果等②。

（1）关系维度

关系维度涉及团队成员如何在项目期间通过沟通建立并维持彼此间的个人关系和团队凝聚力，是虚拟团队成员之间相互依赖程度和人际关系协调程度的衡量。一般而言，关系维度主要通过成员之间的非正式沟通来建立，至少包括 3 个方面的内容：相互理解、相互信任以及社会联系。相互理解主要指团队成员对于彼此的社会规范、价值观及个人背景的相互理解；相互信任是指团队成员必须在很短的时间内建立起高度的信任，以便在项目开展时能彼此相信并相互依赖；社会联系指的是团队成员相互可以通过分享幽默、个人经历等，从而产生凝聚力和彼此之间的亲近感。

（2）任务维度

任务维度一般通过成员之间的正式沟通来建立，用来促使任务及时完成。它至少应该包括 4 个方面的内容：共同目标、相关知识和技能、任务协调以及互动模型。共同目标是指分散在不同地理位置及不同组织的团队成员同意结合局部或个人的目标来达到整体的项目目标；相关知识和技能是指团队成员应具有足够的

---

① 付小颖. 虚拟团队沟通分析及效能提升策略[J]. 科技创新导报，2008(27)：162-163.

② 万可，李守军. 虚拟团队的沟通分析模型[J]. 预测，2002，21(6)：28-31.

项目相关知识和技能，并能主动同其他成员共享这些知识和技能；任务协调要求团队成员有效地协调项目的活动，以启动、开展及完成项目；互动模型需要团队成员根据情况，利用不同形式的技术媒介，如电子邮件、在线会议、语音通话等，达到有效的沟通①。

3.1.2 虚拟团队沟通的过程模型

团队沟通被研究者从不同层次进行定义，为深入理解团队沟通对虚拟团队的意义，有必要描述哪些沟通特征是团队所不可或缺的。我们将较旧的研究与较新的文献体系联系起来，基于输入-中介-输出-输入（IMOI）模型，将沟通概念化为团队过程，并提出了概念模型（图3-3）。IMOI模型扩展了输入-过程-输出（IPO）模型，考虑了团队输入和过程之间的相互作用或模型的其他方面②。下面我们描述模型的每个元素。

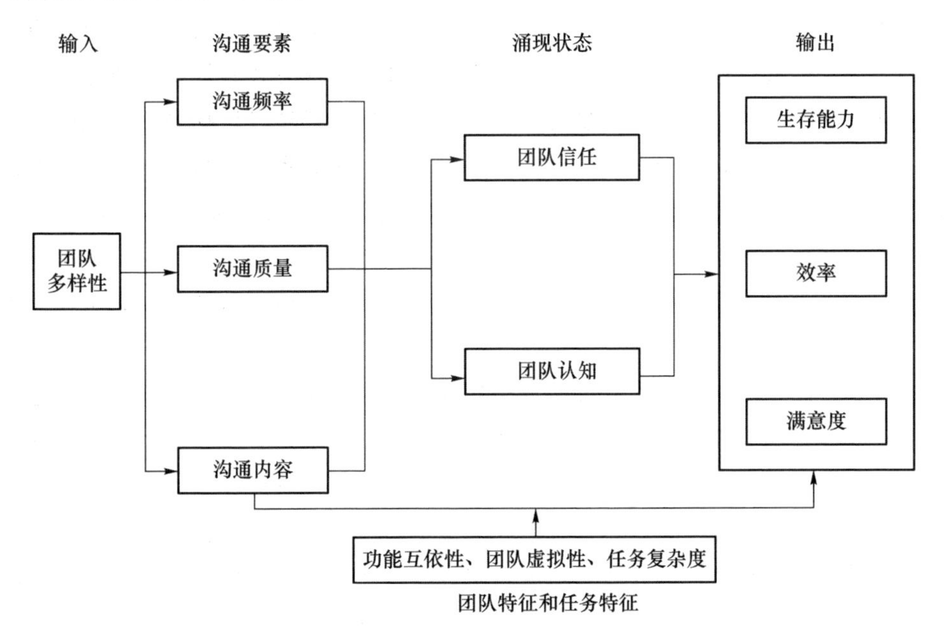

图3-3 虚拟团队沟通的流程模型

① 付小颖. 虚拟团队沟通分析及效能提升策略[J]. 科技创新导报,2008(27)：162-163.

② Marlow S L, Lacerenza C N, Salas E. Communication in virtual teams：a conceptual framework and research agenda[J]. Human Resource Management Review, 2017, 27(4)：575-589.

1. 输入

图 3-3 所示模型中的输入是指影响单个团队成员如何以及何时进行团队沟通的团队特征。我们把团队多样性作为一个输入，团队多样性可以促进或抑制沟通过程。

虚拟团队具有高度多样化的特征，比如个体差异的独特组成，即不同的价值观、性别、信仰、种族、文化和经验。这些差异被认为会影响团队的过程和结果。团队多样性对绩效既产生了积极的影响，又产生了消极的影响，这源于对虚拟团队工作流程的不同定义和操作，以及许多影响因素的调节作用。团队沟通是可以解释这种关系的一种机制。具体来说，文化、语言、知识和背景方面的变化与缺乏共同的理解有关，这可能会对绩效产生负面影响。这种负面影响最终源于与沟通质量和频率相关的沟通障碍，这是因为那些高度多样化的团队可能沟通更少，很少对任务误解进行阐释说明。拥有不同信息的团队成员交换更多信息时绩效更高，相反，如果团队成员不能交换信息，只能依赖于他们有限的观点，绩效则会很差。除了信息多样性外，在其他方面存在差异的团队成员，必须交换更准确的信息，即进行高质量的沟通以协调不同的任务完成方式和提高其他方面的绩效。换句话说，如果发生高质量的沟通，那么团队多样性可以提升团队绩效，这是因为整合并理解独特的团队成员视角可以为获得更高水平的绩效提供有价值的洞察力。反之，个体可能由于缺乏理解而难以与团队成员协调工作。进一步地，这种效果在虚拟性水平较低的团队中会增强。具体来说，随着虚拟性的增加，团队成员必须学习利用其他团队过程（如协调）来整合其他团队成员的想法，并促进团队绩效。我们已经知道，由于仅通过虚拟工具进行沟通，缺乏声调和非语言线索，具有高度虚拟性的团队可能会遇到沟通困难。从这一论点可以看出沟通质量的重要性。如前所述，各种特征（如性别、文化背景）的高度多样性可能导致独特的观点和新的任务方法，将产生更高水平的绩效。然而，随着虚拟性水平的增加，这个过程可能会表现得有所不同。在低虚拟性水平条件下，成员简单地讨论并合并相反的观点，这被认为是更高质量的。然而，高虚拟性水平团队中的团队成员可能不会经常将讨论作为工具，当他们讨论时，通信质量可能会由于上述限制而受到损害。因此，这些团队可以使用其他团队过程来纳入不同观点。例如，高虚拟性水平团队会注意到团队成员以一种新的方式对任务做出了共享，而不使用公开的沟通来描述此过程。他们可能只是简单地调整他们现有的概念化任务并将其纳入心智模型，以更好地适应他们的队友正在采取的新方法。相比之下，对于具有低虚拟性水平、可以经常见面的团队来说，讨论不同的问题完全依赖于高质量的沟通来理解与高度多样性相关的优缺点。因此，在面对面团队中，沟通质量完全中介了团队多样性和团队绩效之间的关系。在虚拟团队中，沟通质量部分中介了二者关系，随着虚拟性水平的提高，中介效应减弱。

2. 沟通要素

由于沟通的定义很多且结构广泛，不同的沟通形式被单独分析，而不参考其他沟通要素，因此导致相关研究得到的沟通和绩效的关系有所不同。为了解决这一问题，我们讨论了沟通的不同方面，这对解释沟通和绩效的关系是必要的，并且与虚拟团队的研究尤其相关。这些沟通要素包括沟通频率、沟通质量和沟通内容等。

（1）沟通频率

衡量团队沟通的一种关键要素是通过各种通信模式进行沟通的频率或数量。然而更高频率的团队沟通并不总是与团队绩效的提高有关，尽管一些团队与其他团队成员沟通的机会有限，但在复杂的条件下，这些团队仍然能够获得高团队绩效。此外，尽管交换的信息较少，但熟悉的团队却能比不熟悉的团队获得更高的绩效，这是因为互相熟悉使团队成员能够以与队友兼容的方式和行为为任务做出贡献，即使在无法沟通时仍能做出正确的选择。因此，沟通频率并不是高绩效团队的必要条件。然而，沟通频率在团队开发中起着不可或缺的作用，特别是在团队生命周期的开始阶段，团队成员通过提升沟通频率，增进对团队的了解，为组织做出更多有益的贡献，增进团队的整体效能。

尽管频繁沟通很重要，但对于虚拟团队而言，由于受制于沟通工具，沟通频率的增加反而可能意味着沟通效率的下降。根据认知负荷理论，个人的工作记忆能力有限，当超出这一限制后，学习和处理能力会受损。也就是说，一旦一个人的认知负荷达到一定的阈值，事情处理效率便会下降。随着虚拟团队中通信量的增加，绩效可能会随着过多无关信息的交换而下降。随着虚拟性水平的增加，这种影响将会更大，这是因为高频率的沟通很可能会采取电子邮件等大量文字信息的方式来实现，而对这些文字信息的整理可能会导致高度的信息超载。相反，在虚拟性较低的团队中，高频率的沟通很可能采取口头交流的形式，这些口语句子更容易被忽略。因此，虚拟性调节了沟通频率与团队过程和输出之间的关系，沟通频率对高虚拟性水平团队的负面影响比低虚拟性水平团队更大。

（2）沟通质量

衡量团队沟通的另一种关键要素是沟通质量，其对团队绩效的影响比其他要素大得多。沟通质量可以定义为团队成员之间的沟通清晰、有效、完整、流利、及时的程度。对比沟通频率和沟通质量，沟通频率是指团队成员之间的沟通次数，而沟通质量是指团队成员之间的沟通准确和理解的程度。

研究表明高质量的沟通，无论沟通的频率如何，都可以进一步发展共享认知。共享认知被认为是团队沟通的一种功能，这是因为团队成员之间的信息共享可以发展并加强关于团队角色和责任的共同信念和理解。对不相关信息的高频率交换不会进一步共享他人的认知，而共享与任务或团队合作相关的信息，可以增加共享认知。换言之，高质量的沟通，不论数量如何，都会帮助沟通主体更加清晰准确地理解相互依存的任务应该执行什么以及如何执行，从而使整体运作更加顺畅，提升绩效。这种理解能够使团队成员将来在缺乏沟通的情况下进行协作，从而节约认知资源，提高团队绩效。然而，准确地界定高质量沟通所包含的内容至关重要，研究表明沟通的及时性和闭环沟通代表了沟通质量的两个方面。

沟通的及时性对虚拟团队交互效果的影响尤其显著，因为沟通在虚拟团队中可能是异步的。例如，当团队成员在不同的时区时，一个团队成员收到电子邮件的时间可能比团队中另一个成员发送的时间要晚得多。在这种情况下，实时互动的机会也可能很有限。这会对团队功能产生负面影响，进而导致虚拟团队成员比面对面团队成员完成任务的时间更长。此外，沟通的延迟对虚拟团队的规划和协调过程危害更大。对于高虚拟性水平团队而言，由于沟通的异步性，团队成员可能需要在完成其他任务的同时参与团队合作，这会导致团队成员注意力的分散。因此，虚拟性调节了沟通的及时性和绩效之间的关系，沟通的及时性对绩效的影响在高虚拟性水平团队中比在低虚拟性水平团队中更大。

闭环沟通是指原始发送者跟踪并确保消息最终被接收和理解。闭环沟通的过程由三部分组成：团队成员发送消息；另一个团队成员接收消息、解释，随后确认接收；发送消息的团队成员跟进以确保消息被接收和理解。这些环节对于减少团队成员之间的误解是不可或缺的，鉴于虚拟团队在沟通中面临的额外挑战，闭环沟通在虚拟团队中的影响尤其突出。一般来说，由于个体观点的差异，个体所提出的信息很容易被误解。考虑团队成员的潜在文化差异，在一个虚拟性水平高的环境中，误解的可能性增加。此外，通过虚拟工具进行沟通存在固有困难，虚拟团队可能会遇到技术问题，如音频延迟或文本解释的困难、没有准确把握语气、情绪的困难等。闭环沟通可以缓解这些与高虚拟性水平相关的问题。在高度虚拟的团队中，如果团队成员确保了团队的其他成员同时收到和理解相关信息，那么沟通将更加清晰，也能更好地改善团队功能。因此，虚拟性调节了闭环沟通和绩效之间的关系，在高虚拟性水平团队中，闭环沟通对绩效的影响比在低虚拟性水平团队中更大。

（3）沟通内容

团队内部的沟通通常有两种形式，分别是任务导向的互动和关系导向的互动。任务导向的互动即专注于任务完成的沟通，关系导向的互动即专注于人际性质的沟通。这两种形式也是沟通有效性的两个维度。虽然以任务为中心的交流对于推动任务进度是必要的，但更具人际性质的交流可以促进整体的情感状态，如凝聚力和信任。研究一致表明，虚拟团队能够通过虚拟工具共享关系信息，加强信任等情感状态。

3. 涌现状态

除了上述输入和沟通要素外，涌现状态表示了虚拟团队内的关键现象。涌现状态（emergent states）最早由 Marks Bedau 提出，指那些受到团队情境、输入、过程和结果变量影响的，具有典型内在动态性的团队属性①。它常常用来描述团队的特征结构，但在本质上是动态的，并随着团队情境、输入、过程和结果的变化而变化。涌现状态是团队成员交互（即沟通）的结果，因为它是团队输入和过程导致团队输出的机制，所以我们将涌现状态纳入虚拟团队沟通模型中。团队涌现状态通常被归类为对团队状态的认知、动机或情感。虽然每一类都包含基本状态，但信任和认知代表了虚拟团队沟通最接近的涌现状态。这种涌现状态的发展被认为给虚拟团队带来了一个特殊的挑战，这是因为涌现状态在本质上具有很强的情境约束力和动态性，通过共享团队经验和时间的流逝而逐渐具有确定性，而高虚拟性水平团队往往缺乏这一点。

（1）团队信任

信任被认为是全球工作场所的黏合剂，这也可以延伸到虚拟团队。尽管许多研究人员和从业者认为虚拟团队对信任提出了很大挑战，但初步的研究表明，随

① Rapp T，Maynard T，Domingo M，et al. Team emergent states：what has emerged in the literature over 20 years[J]. Small Group Research，2021，52(1)：68-102.

着虚拟性水平的提高，信任实际上可能更加完整。信任在虚拟团队成员中的重要性直接源于虚拟团队的本质：缺乏面对面的会议时间，团队寿命短，依赖技术中介进行沟通，无法实时沟通，从而影响了沟通质量。具体来说，在虚拟团队中，高度的信任减少了团队成员对个人是否会完成个人任务的顾虑，使团队成员在实现团队集体目标时能够相互依赖。

影响在虚拟团队中建立信任的重要性因素有很多，如沟通质量受损，这也是在虚拟团队成员之间建立信任如此困难的直接原因。在高度虚拟的团队中，由于无法进行随意的对话，所以团队成员不太可能彼此建立高质量的人际关系。然而以关系为导向的沟通和非正式讨论能够促使团队成员之间形成集体身份、群体规范和归属感。此外，由于高度虚拟团队中的团队成员很可能会居住在不同的时区，所以信任的建立可能会因为团队成员的工作时间不同而受到限制，例如，团队成员没有收到同事的及时回复，他们可能会感到信任中断。

在虚拟团队中，高质量的沟通特别是人际交流，可以消除信任障碍，这种信任的建立将出现团队期望的结果（如团队绩效）。频繁沟通的虚拟团队能建立相互信任和共同理解，此外，可预测和及时的沟通能够在整个团队生命周期中保持和维护虚拟团队成员之间的信任。零星的沟通则容易导致团队成员质疑他人是否全身心投入团队工作中，从而减少团队成员之间的信任。团队成立初期进行面对面交流能够更好地发展团队成员之间的信任。一个面对面的会议可以实现高质量的沟通，促进团队认同感，以及更有效地建立群体规范和信任。因此，在早期建立沟通规则时，比如允许进行面对面的会议，可以增加虚拟团队内部的信任。

进一步地，团队信任在具有更高虚拟性的团队中尤为重要。如前所述，高度虚拟的团队可能会面临沟通质量较低的问题。虚拟性水平较低的团队可以通过整合非语言和语气线索，更好地同团队成员讨论与任务完成相关的感知问题。当亲自进行通信时，能够验证跟踪消息是否被收到，以确定消息是否被理解，即进行闭环沟通。在高度虚拟的团队中，容易造成误解的电子邮件可能被搁置，如果一个团队成员没有进一步交换信息，则不会收到与任务相关的信息，其中一个团队成员也许认为另一个团队成员由于缺乏信任而没有履行他的职责。及早建立有效信任，对防止误解对绩效产生负面影响至关重要。在高度虚拟的团队中，团队成员必须利用对团队的信任来感知冲突或问题，而不是依靠不同的沟通要素来解决问题。否则，团队成员很可能会由于沟通不清晰或不及时（即低质量）而产生与团队或任务相关的问题或误解，从而对绩效产生负面影响。因此，虚拟性调节了早期信任和绩效之间的关系，信任对绩效的影响在高虚拟性水平团队中比低虚拟性水平团队中更大。团队内部信任的发展受到团队成员之间最初面对面互动的调节，从而在有初始面对面会议的团队中发展出更大程度的信任。在下一节中我们还会继续探讨虚拟团队的信任问题。

（2）团队认知

团队认知是一种关键的涌现状态，它产生于团队成员之间的互动，是指所有团队成员共享的与团队和任务相关的信息。团队认知主要分为两类：交互记忆系统（TMS）和共享心智模型（SMM）。交互记忆系统是指在团队成员之间编码、存储和检索信息的共享系统，而共享心智模型是包含每个成员提供给团队的任务和团队相关知识的集体知识结构。团队认知的发展导致了更有效的团队过程。共享任务相关信息、目标、角色、责任和团队交互技术知识的团队将比不拥有这些概念的团队表现得更好。团队认知被认为是团队绩效的一个重要影响因素，尽管团队认知的重要性同样存在于虚拟团队，即具备团队认知的虚拟团队将比没有团队认知的虚拟团队绩效更高，但研究表明虚拟团队无法达到与传统团队相同的涌现状态。第一，虚拟团队内的沟通模式不同于传统团队，因为他们不进行大量的面对面交流，团队发展团队认知的一种方式是通过任务导向、高质量的面对面沟通，因此虚拟团队中团队认知的发展受到抑制；第二，知识共享和协调在虚拟团队中较为缺乏，这是因为团队成员通常分散在不同的地区，由不同组织的成员组成；第三，虚拟团队的人员流动性或低质量沟通的缺陷会对团队认知的发展构成挑战；第四，与传统团队相比，虚拟团队的团队认知发展速度较慢；第五，由于大多数虚拟团队在一个特定的项目上合作，并相对迅速地解散，他们合作的时间不足以发展强大的团队认知；第六，虚拟性会阻碍团队参与培养团队认知所必需的团队过程，即备份行为。

虚拟团队中与团队认知发展相关的困难使这些团队不太可能保持高水平的涌现状态。因此，与传统团队相比，高虚拟性水平团队的认知和绩效之间的关系相对较弱。换句话说，由于虚拟团队缺乏团队认知或团队认知较弱，因此他们的绩效不能用团队认知来解释。进一步地，团队认知在高虚拟性水平团队中不如在低虚拟性水平团队中有效，高虚拟性水平团队将不得不依赖于其他团队过程来促进团队绩效。因此，虚拟性调节了团队认知和绩效之间的关系，团队认知对高虚拟性水平团队的绩效影响比对低虚拟性水平团队的影响要小。

4. 调节因素

目前尚不清楚某些因素如何减轻或增强不同沟通元素在高虚拟性水平团队中与相关团队结果的关系。现有文献中提及的可能影响虚拟团队沟通和绩效的因素有团队特征和任务特征。

（1）团队特征

在分析团队特征时，我们将功能互依性和团队虚拟性确定为沟通和绩效之间的潜在调节因素。

① 功能互依性。团队相互依赖是指团队成员的行为结果受到他人行为的影响或依赖于他人行动的程度，包括顺序、交互和密集性的任务功能互依。更高程度的相互依赖需要团队成员之间更频繁的沟通，以实现有针对性的结果。在高度相互依赖的团队中，每个团队成员的责任都依赖于其他团队，从而增加了团队成员之间有效沟通的需求。当相互依赖集中时，团队成员可以单独工作，团队沟通频率较低，并且仍然可获得较高绩效。在顺序相互依赖的情况下，可能需要更频繁的沟通，以确保成员了解任务的每个部分应何时完成，何时开始他们那部分工作。由于相互依赖需要持续的工作协调，而密集的相互依赖需要共同完成一项任务，因此在这些条件下实现高绩效需要更多的沟通。虚拟团队内的沟通和绩效之间的关系也受到相互依赖性的调节，这种关系由于相互依赖性的增加而加强。尽管面对面团队和高虚拟性水平团队之间存在显著差异，但由于相互依赖的强烈影响，这种关系趋于相同。与面对面团队一样，当每个人都必须为实现团队的目标做出贡献时，团队协调对于实现个人和团队水平的目标至关重要。虽然相互依赖的虚拟团队成员交流的方法与面对面团队成员不同，但这种必要性仍然存在。换句话说，随着相互依赖程度的增加，沟通越来越重要。因此，在虚拟团队中，相互依赖调节了沟通和绩效之间的关系，沟通对绩效的影响在高相互依赖的团队中比在低相互依赖的团队中更大。

② 团队虚拟性。另一个需要考虑的重要团队特征是虚拟性或虚拟性的特定维度。虚拟性会对沟通产生负面影响，进而降低团队绩效水平和影响其他显著的团队结果。媒体丰富理论假设传播媒介在不同程度上可以传达有意义的细节或足够丰富的信息以增进理解。虚拟性可能会由于异步性等原因损害沟通内容的丰富度，这将对沟通质量和及时性产生负面影响。同时，解释书面文本比破译口头信

息更复杂，在没有非语言线索的情况下，个人可能难以理解团队成员并有效地沟通自己的想法。因此倘若使用信息价值较低的工具，那么高虚拟性会降低沟通质量。

上一章我们介绍了虚拟性的三个维度，沟通信息的丰富程度与沟通质量密切相关。电子邮件等通信模式信息丰富度较低，而视频会议工具被定义为几乎有着与面对面通信一样丰富的信息价值。因为视频会议工具使团队成员能够发送和接收非语言和声音的线索，这些线索被认为可以提高信息的丰富性，进而提高沟通质量，最终促进团队绩效的提升。因此，虚拟工具的使用调节了团队沟通与绩效的关系，使得高虚拟性水平团队除了使用虚拟工具外，还可以通过面对面接触的沟通媒介（如视频会议），获得最高的绩效。

（2）任务特征

虚拟团队在创造性任务或头脑风暴任务上的表现尤为突出，这表明虚拟团队能够产生更有创造性的想法。相比之下，与工作相关的部分匿名性会导致动机损失。高度复杂的任务需要增加认知和增强团队协调以提升绩效。研究表明，熟悉的团队有更好的能力来处理高度复杂的任务，这是因为他们可以通过减少沟通来有效地执行任务，从而提高他们在复杂任务上出色的能力。高虚拟性水平团队在高度复杂任务中的绩效和沟通之间的关系非常紧密。换句话说，随着虚拟性的增加，任务复杂性对沟通与绩效关系的调节作用得到了加强。任务复杂性与高虚拟性相结合，提高了更多的误解和错误产生的可能性。因此，在这些条件下，与面对面团队相比，有效沟通模式对高虚拟性水平团队的绩效更为重要。虚拟团队可以通过在团队生命周期的早期创建团队成员之间的沟通规则和规范，来增加团队过程、涌现状态和复杂任务的绩效。任务复杂度调节了沟通与绩效之间的关系，当任务复杂度较高时，二者关系更强，当任务复杂度较低时，二者关系较弱，并且调节效应随着虚拟性的增加而增强。

5. 输出

除了绩效外，团队效率和团队满意度也是识别虚拟团队是否成功运作的重要考虑因素。尽管随着虚拟性水平的提高，满意度评级降低，但高质量的交流可以减轻这种影响。当团队成立初期进行面对面的交流、团队成员之间共享非工作相关的信息，以及发生建设性的冲突管理时，虚拟团队成员之间的满意度就会提高。在对产品开发团队的实地研究中，研究结果表明目标清晰度（即绩效期望清晰传达的程度）和团队成员的熟悉度（即团队成员的个性、技能和兴趣知识了解程度）都是通过沟通获得的，二者与虚拟团队满意度相关。沟通的内容特别是面向人际关系的沟通，在促进团队满意度方面有很大影响。此外，使用一系列通信工具的虚拟团队对其团队的功能更满意，这可能是因为一些通信工具能够克服其他通信工具对沟通质量的限制。研究人员建议虚拟团队成员和经理应及时公开沟通反馈，以促进自我调节和监控过程。

沟通是其他团队过程得以进行的通道。在培养高质量沟通时，团队成员能够明确团队角色，界定团队规范，建立认知模型，并提供相互支持。此外，研究人员在一系列团队类型中发现了高质量沟通对团队绩效的积极影响，如驾驶舱乘务员和外科团队等。在高虚拟性水平团队中，沟通质量与绩效之间也存在着这种直接联系，不管环境如何，有效的沟通对团队运作至关重要。因此，今后应该继续探讨在所提出的框架内，虚拟性与各种特征相互作用的方式，以影响绩效和其他相关结果，如生存能力和满意度。

3.2 虚拟团队中的信任

在当今的组织中，信任通常被视为确保有效合作的关键因素。事实上，信任已被证明可以影响组织结果。此外，团队信任与团队相关的态度、团队信息处理和团队绩效等正相关，与面对面团队相比，团队信任在虚拟环境中更重要，这反映了电子通信条件下额外的不确定性和风险[①]。信任问题一直是虚拟团队研究关注的焦点，由于虚拟团队成员的分散性，成员缺少面对面交流的机会，成员之间的信任关系既难建立又容易丧失，怎样建立虚拟团队之间的信任关系，成了发挥虚拟团队效用、高效管理虚拟团队的重要课题。

① 黄昕．虚拟团队信任的构建策略[J]．视听，2017(2)：188-189.

3.2.1 虚拟团队信任的概述

1. 虚拟团队中的信任

组织研究中最常被引用的信任的定义之一是：尽管一方有能力控制或监督另一方，但他们却愿意放弃这种能力，而相信另一方不会做出损害自己期望的事情。大多数其他现有定义包括这两个关键定义要素中的一个或两个：对另一方有利行为的积极期望和脆弱性的意愿。这些定义将信任概念化为信任方（委托人）和被信任的一方（受托人）之间的二元结构。当考虑团队层面的信任时，二元概念必须扩展到多个团队成员。因此，团队信任是所有团队成员之间共享的信任。我们将团队信任概念化为团队的一种涌现状态，它源自团队成员共同的看法和经验。根据这些概念，我们将团队信任定义如下：不管是否有能力监督或控制其他团队成员，团队成员基于其他团队成员会执行对自己团队重要的特定任务而共享的一种脆弱性的期望[①]。具体而言，团队信任是指团队成员之间的共同信念，即另一个体或团体按照明确或隐含的任何承诺作出善意行动，在这些承诺之前的任何谈判中都是诚实的，即使有机会也不会过度利用承诺。

在虚拟团队中，信任的重要性贯穿整个生命周期。首先，虚拟团队的组建需要信任才能起步；其次，信任是虚拟团队克服艰难工作的全效润滑剂；最后，虚拟团队解散时，来自组织环境的信任或缺乏信任将会继续延续。然而虚拟团队中的信任关系面临很大挑战。虚拟团队是一种以项目为中心的临时性团队，需要成员在短暂、迅速地完成任务的同时，建立良好的信任和协作关系，这与信任合作关系建立的长期性相违背[②]。此外，由于虚拟团队成员缺少面对面交流的机会，信任关系既难以建立，又很容易被破坏。因此，如何在虚拟团队中有效地建立和

---

① Breuer C，Hüffmeier J，Hibben F，et al. Trust in teams：a taxonomy of perceived trustworthiness factors and risk-taking behaviors in face-to-face and virtual teams[J]. Human Relations，2019，73(4)：1-32.

② Marlow S L，Lacerenza C N，Salas E. Communication in virtual teams：a conceptual framework and research agenda[J]. Human Resource Management Review，2017，27(4)：575-589.

维系信任关系成了管理虚拟团队的一个重要议题。

2. 传统团队与虚拟团队信任的区别

传统团队的信任是在互动和交往的经验中逐渐形成的。与传统团队不同，虚拟团队的信任是快速形成的，由于时间和任务的要求，团队成员必须假定对方可信，迅速地建立起信任并开展合作。在与传统团队信任的比较过程中可以看出虚拟团队信任的具体特点，见表 3-1。

表 3-1 传统团队和虚拟团队信任的区别

比较内容	传统团队	虚拟团队	相关研究
信任基础	在情感和认知因素中以情感因素为主	在情感和认知因素中以认知因素为主	Kanawat 和 Yoo，2002
	在诚信、善意、能力三因素中以诚信为主	在诚信、善意、能力三因素中以能力为主	Mayer 和 Schoorman，1995
信任形成	逐渐形成，最初的信任水平相对低	快速形成，最初的信任水平相对较高	Jarvenpaa，1998
信任发展	三阶段：基于威慑的信任、基于认知的信任、基于认同的信任	三阶段：谋算型信任、知识型信任、认同型信任	Lewicki 和 Bunker，1995

资料来源：黄昕. 虚拟团队信任的构建策略[J]. 视听，2017(2)：188-189.

3. 虚拟团队信任的特征

虚拟团队中的信任存在两个核心特征，分别是基于认知的信任与快速信任①。

（1）基于认知的信任

传统上认为信任由多个维度构成，包括认知因素（如能力、可靠性、职业特性等）和情感因素（如关心、与他人的感情联系等）。这两个方面的相对重要性会随着人与人之间的关系类型和具体情境的不同而有所不同。在临时性的工作环境中，虚拟团队成员们的目标是完成具体任务而不是建立社会关系。人们往往从专业技能而不是社会关系的角度出发来看待他人，因此在虚拟团队中信任的建立和维系更多地依靠基于认知的信任，而不是基于情感的信任。此外，虚拟团队所

① 肖伟. 虚拟团队的信任机制及其建构策略研究[J]. 华东经济管理，2006,20(3)：94-97.

采用的沟通媒体会影响信任的形成，因为虚拟团队主要依靠计算机媒体方式来进行沟通。尽管已有的研究表明只要给予足够的时间，在计算机媒体沟通环境中也能够建立起社会关系，但是更多的研究认为由于人格解体效应，通过计算机媒体沟通建立社会关系会更加困难。因此可以认为虚拟团队中的沟通主要是以任务为导向的，在虚拟团队中基于认知的信任水平比基于情感的信任水平要高。

（2）快速信任

在虚拟团队中，成员往往从事一个短期的项目，由于缺乏共同工作的经历，加上缺乏面对面的交流，他们难以收集到足够的同事信息来帮助他们判断同事是否值得信任。缺乏面对面沟通会在团队成员之间造成实际的和心理上的距离。此外，地理位置上的分离意味着虚拟团队成员间必须要有比传统团队更高的信任水平，以帮助他们成功地完成项目。缺乏典型的社会交流使得成员更难以在新型的工作环境中建立信任关系。在这样的环境中，团队成员需要从项目的开始就信任其他成员以完成自己的任务。这种信任不是建立在过去的合作经历上，而是建立在个人背景、职业信誉以及亲缘关系基础之上。这种信任被认为是快速信任。研究表明，临时性团队中的成员必须建立快速信任，而不是等待经验告诉自己谁可以信任、怎样的行为才能够被信任，信任需要事先或者是根据推测建立起来。在虚拟团队中，尽管成员相互看不见、不能见面、不能同处一地工作，但信任也能够快速建立。虽然这种信任关系容易受到破坏，但团队的沟通和控制行为有助于增强成员间的信任关系。由此看来，在虚拟团队中维持信任比建立信任更为重要。

3.2.2 虚拟团队的信任机制

虚拟团队中的信任机制可以分为团队成员主要感知信任的因素和信任带来的近端行为后果及对团队造成的影响。图 3-4 所示为虚拟团队信任机制的分类模型[①]。

---

① Breuer C, Hüffmeier J, Hibben F, et al. Trust in teams: a taxonomy of perceived trustworthiness factors and risk-taking behaviors in face-to-face and virtual teams[J]. Human Relations, 2019, 73(4): 1-32.

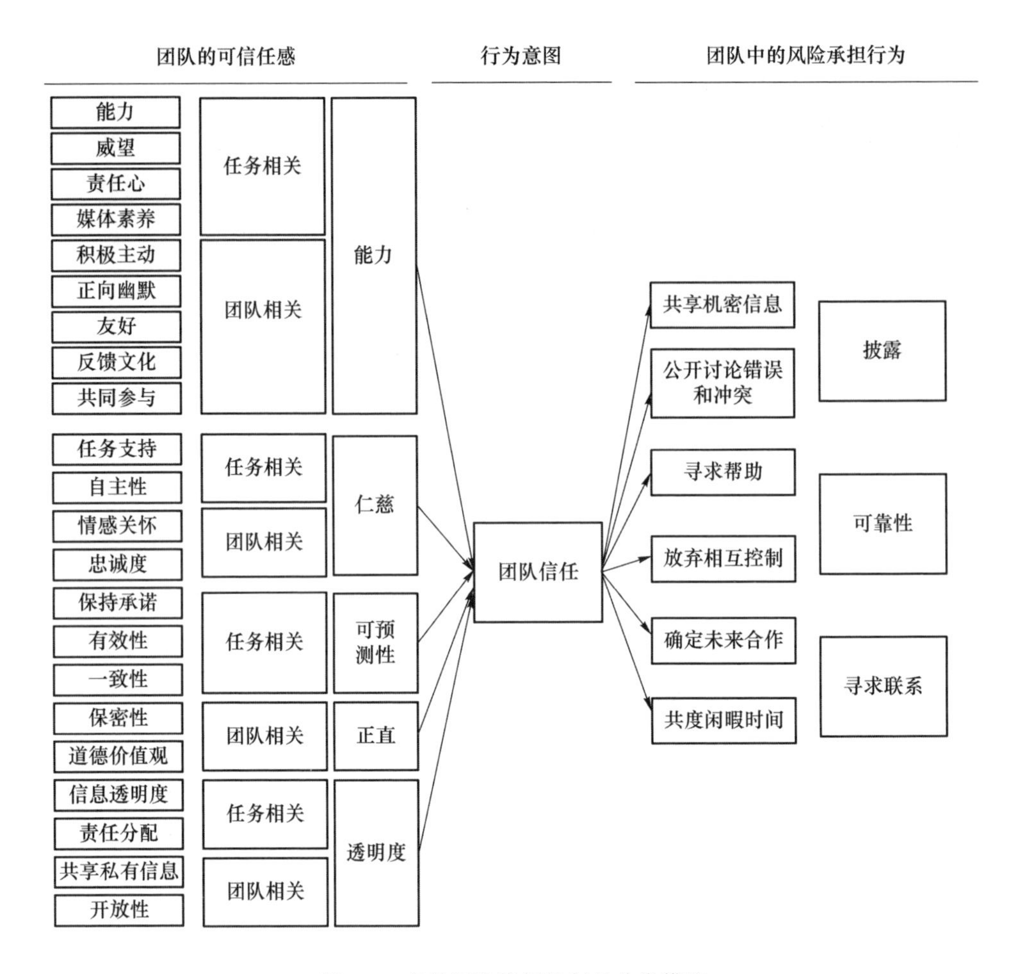

图 3-4　虚拟团队信任机制的分类模型

1. 影响虚拟团队信任的因素

影响虚拟团队信任的感知可信度因素除了传统上的能力、仁慈、正直，还包括可预测性和透明度。可预测性反映了行为的一致性和规律性；透明度反映了团队中清晰和开放的信息交换的必要性。根据虚拟团队的特性，我们将五个大类别依照任务相关和团队相关两个方面划分为多个子类别①。

（1）与任务相关的影响因素

① 任务相关的能力。这个主要类别包括被认为有利于成功执行团队任务的

① 宋源. 虚拟团队信任影响因素实证研究[J]. 技术经济与管理研究，2010(5)：81-85.

团队成员特征。对被信任者能力的认知是指在信任者心目中，被信任者具有的、能在他所擅长领域里发挥作用的技术、专长和能力的总称，比如，专家因其在自己特定研究领域的广博知识和超群技能而赢得了他人的尊重和信赖。虚拟团队成立的使命就是发挥团队成员多种素质与不同能力集成的协同效应，以完成复杂的工作任务。团队成员在某些领域都具有极高的胜任力，因此提供了与该任务领域相关的信任。虚拟团队成员的能力特征会影响到成员彼此间的信任程度。任务相关的能力包括“能力”“威望”“责任心”和“媒体素养”四个子类别。能力指团队成员在自己的领域有专业的知识和丰富的经验，以及成功执行任务的能力；威望指团队成员受到客户、同事或主管尊重和尊敬，这些团队成员因其过去的行为而受到认可和高度尊重；责任心指团队成员工作中认真负责并表现出所需的能力水准，他们不断地工作使得任务完成得彻底、准确；媒体素养指团队成员能够恰当使用电子媒介的能力，他们能有效地利用媒体技术来访问、存储、检索和共享内容，以满足个人和团队的需求。此外，团队成员有能力根据消息的特定内容选择适合的通信技术。

② 任务相关的仁慈。这一主要类别反映团队成员相互帮助、成功完成工作任务的特征，包括“任务支持”和“自主性”两个子类别。任务支持指团队成员表现出帮助同事解决工作相关问题的普遍倾向；自主性指团队成员对他们的工作条件有高度控制权以及对工作过程有决策权。

③ 任务相关的可预测性。这一主要类别反映行为一致性和规律性的团队特征，以及关于完成工作任务的强大原则和标准，包括“保持承诺”“有效性”和“一致性”这三个子类别。保持承诺指团队成员表现出的倾向于履行承诺，并在约定的最后期限内完成任务的行为；有效性指团队成员表现出的通过电子邮件或电话迅速回应请求的办公效率，这些团队的成员通过发送可靠的个人信息，从而在虚拟团队和面对面团队中表现出可靠和值得信任的品质；一致性指团队成员经常以类似方式行事，因此团队成员可以预测其他团队成员的行为。

④ 任务相关的透明度。这个主要类别属于团队特征，有助于透明和开放的团队知识管理，包括“信息透明度”和“责任分配”两个子类别。信息透明度指团队普遍倾向于公开分享所有相关信息；责任分配指团队中关于工作和团队角色、任务分配和截止日期等信息均有明确规定，使得每个团队成员都确切地知道他们负责哪个领域。

（2）与团队相关的影响因素

① 团队相关的能力。这一主要类别包括其他团队合作伙伴的特征，它们被认为有助于促进积极的团队氛围和提高团队凝聚力，包括“积极主动”“正向幽默”“友好”“反馈文化”和“共同参与”。积极主动指团队成员独立工作并负责团队任务和流程，这些团队成员不断表现出角色之外的行为，并高度参与团队任务和过程；正向幽默指团队成员表现出积极幽默并且有趣的一面，当成员们一起大笑时，团队将产生更多信任；友好指团队成员保持沟通，对团队和团队任务表现出普遍积极和开放的态度，其成员对团队中的每个人都很友好和礼貌，从而创造了一种积极的氛围；反馈文化指团队成员能感知到积极反馈文化的团队中存在信任，这些团队的成员有能力以友好的方式提供积极和消极的反馈，并有能力将他人的反馈引用到工作方面，而不是上升到其他成员的个性；共同参与指的是一种团队文化，每个团队成员都可以表达自己的意见，并参与决策过程，高度参与的团队共同平等地决定任务如何进行。

② 团队相关的仁慈。这一主要类别反映个人对其他团队成员善意的团队行为，包括“情感关怀”和“忠诚度”两个子类别。情感关怀指团队能够倾听成员关切的问题，团队成员表现出互相安慰和寻找解决个人问题的方法的倾向；忠诚度指团队成员忠于团队，共同作出决策和担负责任的程度。

③ 团队相关的正直。这一主要类别属于团队特征，涉及团队价值观和团队互动的强烈道德原则和标准，包括“保密性”和“道德价值观”两个子类别。保密性指团队能够保守团队成员及合作伙伴的私人或秘密信息；道德价值观指团队成员表现出遵守道德原则和团队价值观的倾向，例如不会随意查看他人计算机中的邮件信息。

④ 团队相关的透明度。这个主要类别反映了关注私人话题开放性的团队特征，包括“共享私有信息”和“开放性”两个子类别。共享私有信息指在团队中能够共享私人担忧，在这些团队中，成员可以讨论与工作环境没有直接关系的私人问题；开放性指团队成员公开谈论情绪和亲密、私人感情等话题。

2. 信任在虚拟团队中的作用

（1）信任与风险承担行为

风险承担行为定义为团队成员的行为，反映了团队成员易受其他团队成员行动影响的共同意愿，是虚拟团队信任的近端后果，分为三个主要类别和六个子类别①。

① 披露。这一主要类别反映了通过传达机密信息或谈论自己的错误和弱点，导致自己脆弱性上升的风险行为，包括“共享机密信息”和“公开讨论错误和冲突”两个子类。共享机密信息指与其他团队成员讨论机密和私人信息等团队行为；公开讨论错误和冲突指团队中一种开放和建设性的批评文化，表现出这种信任行为的团队以建设性的方式提供负面反馈，并公开讨论错误和冲突，从而避免团队中可能引发的误会和矛盾。

② 可靠性。这一主要类别反映了通过给予其他成员自主权、影响力和对委托人重要任务的责任，从而导致自己脆弱性升高的冒险行为，包括“寻求帮助”和“放弃相互控制”两个子类别。寻求帮助指团队成员通过承认错误、寻求支持和帮助而展示自身脆弱性的行为；放弃相互控制指相互信任的团队成员既没有监控其他成员的工作进度，也没有在发生冲突的情况下记录自己的工作。

③ 寻求联系。这一主要类别反映了与他人共度时光、建立良好的关系等风险行为。通过这样的行为，个人开放性提升进而脆弱性上升。寻求联系包括“确定未来合作”和“共度闲暇时间”两个子类别。确定未来合作指团队成员决定继续在当前的团队中工作，或者在低水平信任的情况下试图离开团队；共度闲暇时间指团队成员在闲暇时间也愿意与同事见面的团队行为。

（2）信任与团队有效性

上面我们了解到信任对于团队风险行为的影响，进而我们假设信任通过增加团队成员之间的特定风险行为来影响团队有效性，从而促进团队中更广泛的协调和合作过程。信任是脆弱的意愿，而风险行为是信任的行为结果，二者存在一定区别。团队信任有助于减少特定的风险行为，如减少防御控制、对冲突和错误进行公开讨论、相互反馈和机密信息共享等，反之会导致团队成员在执行任务的过程中更有效地协调资源（如时间、精力、知识等），如图 3-5 所示。此外，团队合作的有效性可以从三个主要方面来考虑，即团队成员的态度、团队信息处理和

---

① Breuer C, Hüffmeier J, Hibben F, et al. Trust in teams: a taxonomy of perceived trustworthiness factors and risk-taking behaviors in face-to-face and virtual teams[J]. Human Relations, 2019, 73(4): 1-32.

团队绩效。团队信任与团队成员的态度正相关，如对团队的满意度、对团队的承诺、感知到的团队凝聚力、对团队的行动意向；团队信任与团队信息处理正相关，如知识共享和团队学习；团队信任与团队绩效正相关，如团队中的任务绩效和情境绩效①。

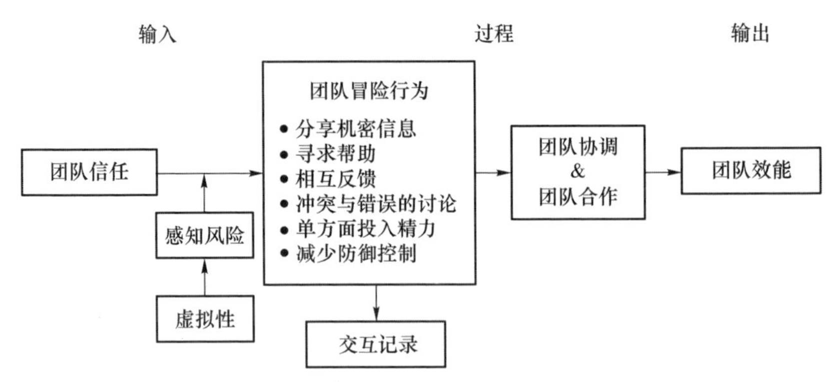

图 3-5 信任对团队有效性的影响机制

此外，关于信任与绩效的关系，可以通过建立沟通、信任、协作与团队绩效的关系模型加以说明（图 3-6）②。

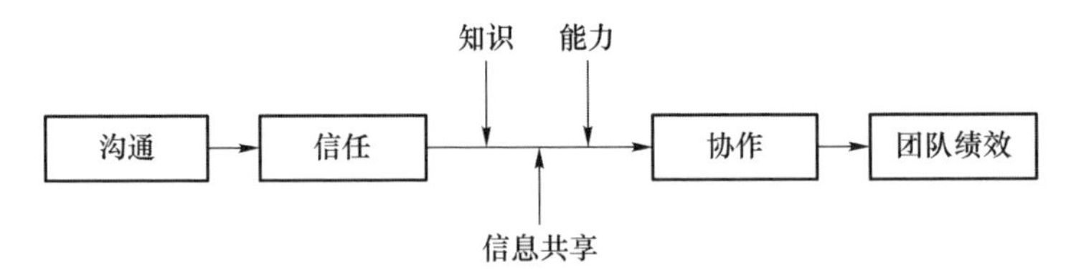

图 3-6 沟通、信任、协作与团队绩效的关系模型

团队发展依靠协作才能发挥“1＋1＞2”的效果，以达到最优的团队绩效。协作需要具有互补能力的成员贡献自己的力量，与他人共享信息、知识和观点。信任能够促进合作，将个体的知识、能力有效地“黏合”在一起。最后，沟通帮助建立信任，通过与人沟通可以了解他们的为人，认识他们的优势，从而形成信任。如果不信任他人，团队成员就不愿意与他人协作，团队也就无法发展。因此信任对于团队发展至关重要。

① Breuer C, Hüffmeier J, Hertel G. Does trust matter more in virtual teams? A meta-analysis of trust and team effectiveness considering virtuality and documentation as moderators[J]. Journal of Applied Psychology, 2016, 101(8): 1151-1177.

② 肖伟. 虚拟团队的信任机制及其建构策略研究[J]. 华东经济管理, 2006, 20(3): 94-97.

3.2.3 虚拟团队信任的建立和维系

信任是虚拟团队成功运行必不可少的润滑剂和动力，下面我们考虑虚拟团队的组建和在运行中如何建立信任机制，以提高虚拟团队和组织的效率。

1. 建立虚拟团队信任的遵循原则

由前文的分析可以看出沟通、信任、协作和虚拟团队绩效有密切的联系。在虚拟团队中信任与沟通、信任与团队绩效是相互依赖、相互促进的关系。而基于认知的信任和快速信任则是虚拟团队信任的两大核心特征。因此在虚拟团队中建立和维系信任关系应当遵循以下原则①。

① 沟通是建立信任的前提条件，信任是通过不断重复的沟通来建立的；沟通不仅是培养信任，也是恢复和重建信任的途径。

② 信任关系需要依靠工作者的效率和工作效果来传递。成员的个人能力包括专业能力、人际关系能力以及自我更新能力，对于在工作关系中建立和维持信任非常关键。另外，任务的合理分配有助于形成信任关系，因为在这样的情况下，每位成员都相信自己能够完成属于自己的那部分工作，并且也相信其他成员同样能够做到这点。

③ 在虚拟团队中存在快速信任这种存在于临时性群体中的特殊信任，它能够被快速建立，但也容易遭到破坏。因此，对虚拟团队来说维系信任就显得更为重要。

④ 在虚拟环境中，基于认知的信任比基于情感的信任更为重要，因此虚拟团队应该明确地去努力建立基于认知的信任关系。

⑤ 虚拟团队成员间先前“认识”的经验或具有相同的背景有助于建立起合作关系并提高信任水平。恰当设计的组织发展程序（如团队建设训练、会议过程

① 肖伟. 虚拟团队管理[M]. 成都:电子科技大学出版社,2007.

咨询）能够提高个体对群体的信任水平。

⑥ 在虚拟环境中，如果团队成员有如下的行为表现，我们应该认为他是可以信赖的：他的行动符合我们和团队的最大利益；他是诚实的；他信守承诺或者在无法保持承诺的时候主动告诉我们；他尊重我们的成果并且保护那些我们发送给他的信息；他愿意与我们分享有价值的信息。

2. 维系虚拟团队信任的管理策略

任何一个组织都需要领导者从正式的组织整体结构（硬环境）以及非正式的组织文化（软环境）两个方面进行构建。所以，虚拟团队的信任需要通过组织结构、领导者、组织文化建立和维系。

（1）通过组织结构建立和维系信任

通过虚拟团队正式的组织结构和程序能够建立或破坏信任，正如领导者对信任的影响一样。虚拟团队建立正式的组织结构包括建立一系列清晰、分工明确的责任衡量标准，建立扁平化的、充分授权的团队组织结构，确保信息和知识等资源的共享，建立适当的监控机制等措施。

在临时性团队中能够建立起快速信任，而虚拟团队也具有这种临时性的特点，虚拟团队应利用这种特点，在成立之初快速构建团队成员的信任关系。初期沟通是信任建立的黄金时期，最初的几次互动对虚拟团队中信任的建立十分关键。假如在最初的沟通中无法有效地建立起初期信任关系，那么通过后续沟通来弥补的难度很大。假如在虚拟团队建立初期，团队成员在沟通过程中多多传递社会信息或让人兴奋的内容，如团队成员的爱好、家庭环境、假日活动等，将会对快速信任的建立起到一定的积极作用。可以加深信任的方式有：高频率沟通；做好信息归纳分类准备，在向队员提供信息时及时反映；任务明确而清晰；团队成员严格按照时间表与截止日期完成任务；定期提供积极反馈；团队成员相互支持、和谐相处；个体与群体有着明确的期望；团队成员信守承诺等①。

此外，研究表明，不同的媒体会引发人们接收信息时的不同感知。使用者在使用媒体时，该媒体能达到近似于沟通双方面对面互动的体验效果，称为社会表

① 何瑛. 虚拟团队管理：理论基础、运行机制与实证研究[M]. 北京：经济管理出版社，2003.

征。不同媒体的社会表征由高至低的次序是：面对面会议、双向视频系统、电话、单向视频系统、电子邮件、商业报告。虚拟团队的信任相对于传统团队难以建立的主要原因就是缺乏面对面的交流机会。社会表征越高的媒体越能使沟通双方获得面对面交流的体验，也就越有助于沟通双方信任的建立。虚拟团队成员如果无法进行面对面交流，就尽可能运用双向视频系统进行交流，也可以多召开视频会议，以促进信任的建立。

（2）通过领导者建立和维系信任

虚拟团队中的领导者行为对信任的影响尤为重要。信任度高的领导者可以通过个人强烈的影响力消除组织中的不信任，建立一个以信任为基础的环境。相反，信任度低的领导者则会破坏团队中的信任。此外，虚拟团队中要求的快速信任特征也离不开领导者的影响。虚拟团队中快速信任的出现往往都是来自团队的发起人与协调者，他们了解团队中的个体，并与之建立信任关系，所以在组建虚拟团队时，团队成员通常对发起人与协调者存在足够的信任，容易出现快速信任的特征。假如可以展现领导者所必须拥有的能力、技能，并且可以带领团队角色来完成团队任务，那么即使领导者是团队中成员轮流担任，领导也依然有效。

由此可以看出，虚拟团队的发起人或协调者这样的领导角色，能够快速帮助虚拟团队建立起信任。所以，虚拟团队的领导如果在虚拟团队成员中已有良好的声望，就应该有意识地利用自身的影响力，促进团队成员之间的理解和交流。对于尚未在团队成员中取得良好声望的团队领导，应该充分地向团队成员展现自身的专业知识和领导能力，来构建“基于能力”的信任，并且清晰划分团队成员的工作职责，明确提出虚拟团队的群体期望，建立有效的约束机制和激励机制，鼓励团队成员积极沟通，互相支持，信守承诺，促成“威慑型信任”及“谋算型信任”的建立。这些要求领导的行为能够反映每一种信任要素的重要性，而且当要素之间产生冲突时能够有效地进行权衡。在下一章虚拟团队中的领导力中我们还会具体介绍领导者的作用①。

（3）通过组织文化建立和维系信任

通过正式的组织整体结构建立和维系信任固然重要，但非正式的组织文化同样不可忽视。组织文化和组织结构的共同作用能够在长时间内增强或破坏团队内

① 黄昕．虚拟团队信任的构建策略[J]．视听，2017(2)：188-189.

部的信任度。建立组织文化的措施主要包括：建立团队共享机制，全体成员能够全身心投入，具有进取性的远大目标；树立良好的经营道德规范；建立一种鼓励冒险和试验的文化氛围；加强团队成员直接的沟通交流，建立密切联系。

此外，根据虚拟团队信任的另一个特征——基于认知的信任，虚拟团队在缔造组织文化时应当以认知信任为主导，以情感信任为辅助。团队领导及成员应做到互相支持彼此的工作，按时且高质量地完成自己负责的团队任务，遵守对他人的承诺，树立诚实守信、认真负责、踏实能干的专业人士形象，以构建虚拟团队中的认知信任。此外，只要有足够的互动时间，在虚拟团队中情感信任同样能够产生，那么虚拟团队，特别是存续较长时间的虚拟团队，其成员在团队组建之初，应有意识地互相交换一些个人社会信息，以促进快速信任的建立。在团队任务的实施过程中，除相互给予工作上的支持以外，还应互相给予情感支持，以建立情感信任。

第 4 章

虚拟团队中的领导力

由于虚拟团队完成任务的方式和执行过程中面临的限制与传统团队在本质上存在不同，因此需要重新审视虚拟团队领导的特征、行为和策略。领导力被视为对绩效有益的技能和认知结构的组合，其发展取决于能力、动机和人格特征等因素。虚拟团队通常可以在没有正式指定领导者的情况下创建，并且为填补不同的角色而可能出现多个领导者，同时领导力与领导效能对虚拟团队的成功起着关键作用。值得注意的是，领导一个虚拟团队比传统团队更具挑战性。虽然传统团队中成员间的关系可以自发发展，但鉴于电子信息媒介减少了社会信息的丰富度，因此虚拟团队的领导者可能需要主动引导团队成员关系的建立①。虚拟团队的领导者将投入更多的时间和精力来帮助协调虚拟团队任务，帮助分布式成员建立关系并推动团队任务进程。因此，领导力是虚拟团队研究中最重要的主题之一。下面我们将介绍虚拟团队中领导力是如何形成的，受哪些因素影响，以及领导力会对虚拟团队产生哪些影响。

---

① Charlier S D, Stewart G L, Greco L M, et al. Emergent leadership in virtual teams: a multilevel investigation of individual communication and team dispersion antecedents[J]. The Leadership Quarterly, 2016, 27(5): 745-764.

4.1 虚拟团队中领导力的形成

4.1.1 个体层面上领导力的形成

领导力的涌现可以被视作一个基本的社会认知过程，体现为追随者对领袖理想化形象的认知。领导力分类信息处理理论表明，领导力是与领导相关的特征、行为及结果的输出，并被追随者感知。因此，当无领导群体中的一个人表现出高领导行为，并被其小组成员视为领导时，领导力就出现了。个体层面领导力的涌现现象通常出现在缺乏指定领导的自主工作团队或无领导团队中。尽管没有正式权力，但涌现型领导者仍会对其他团体成员产生重大影响。此外，个体差异视角表明，所有个体都具备与领导力相关的属性，并可能在某一时间表现出领导行为。自主团队或无领导团队区别于传统团队，其角色分化程度低，成员扮演的角色灵活性强，可能导致多个成员表现出领导力①。总体而言，在虚拟团队中促进领导力涌现的人格特质主要包括以下几方面。

1. 认知能力

一般认知能力是指个体持续成功执行信息处理任务的倾向。认知能力是一个稳定和可靠的结构，认知能力水平越高的员工越善于获取与解决问题相关的知识。认知能力和领导力涌现之间存在着很强的关联，一般而言，智力水平被认为是领导力涌现的最强预测因素，认知能力被认为是领导力涌现的关键预测因素。

某些个体差异变量（如个性、性别和种族）可能在高水平虚拟性团队中变得

① Serban A, Yammarino F J, Dionne S D, et al. Leadership emergence in face-to-face and virtual teams: a multi-level model with agent-based simulations, quasi-experimental and experimental tests[J]. The Leadership Quarterly, 2015, 26(3): 402-418.

不那么突出，而其他变量可能变得更加突出。认知能力则是后者之一，因为虚拟团队工作会涉及更多的信息处理，虚拟团队的交流比面对面交流更令人困惑、费力和消耗认知资源。此外，认知能力和其他个体变量的交互作用可能在虚拟团队并不显著。例如，在传统面对面团队中，认知能力和外向性的交互可能是领导力涌现的关键，但是在虚拟环境中，外向性的作用可能被中和。因此，在个体层面上，当团队虚拟性高时，认知能力对领导力涌现的影响比传统面对面团队更大。

2. 自我效能感

自我效能感是指个体对自己能够成功实施特定任务或完成特定目标的信心程度。相关研究显示，自我效能感被普遍认为是领导力涌现的预测因素之一。在传统的面对面环境中，个体层面的自我效能感要强于虚拟环境。此外，由于在地理位置上分散的团队缺乏社会性和非语言线索，成员之间更深层次的人际关系可能形成得相当缓慢，进而不利于自我效能感的形成。综上，在传统面对面团队中，自我效能感对领导力涌现的影响比在虚拟团队中更大。

3. 人格特质

人格在组织中的研究由来已久，Goldberg 的大五人格模型已成为解释个体差异的成熟框架，大五人格模型揭示了包含开放性、外倾性、责任心、宜人性和神经质性在内的人格五个维度。无领导团队中的领导力涌现与传统面对面团队或虚拟团队中成员的人格有关，其中外倾性和责任心是这两种情境中最广泛的人格维度。

外倾性是指外向、热情和友好的倾向。外向者更有可能成为小组讨论的积极参与者，表现出领导行为，并在群体内的受欢迎程度较高。凭借较高的自信水平、主导能力和群体参与程度，外倾性高的成员可以在群体中扮演领导角色。外倾性在强调社会互动的工作环境中尤其重要。在对变革型领导出现的预测中，沟通媒介同外倾性产生交互作用。具体而言，在虚拟团队中，外倾性水平的差异对变革型领导出现的影响很小或没有影响，而在传统面对面团队中，外倾性的差异对变革型领导出现的影响很大。

责任心展现在个人对能力的感知、对道德和义务的坚持、对努力和高目标的追求，以及对工作的精心策划等多方面。研究发现，责任心与特定角色和任务所要求的工作绩效提高之间存在关联。在个人层面上，具有责任心的团队成员会注意按时完成任务。责任心是领导力涌现的有力影响因素，有时甚至比外倾性更强。研究者认为某些个体差异变量在虚拟程度较高的团队中可能不那么显著，因为以计算机为中介的交流被视为促进平等参与讨论。因此，在虚拟环境中，外倾性可能不那么突出。然而，责任心较强的个人在这种情况下可以变得更加专注。因此当团队虚拟性高时，责任心对领导力形成的影响比传统面对面团队更大。

4. 技术适应力

现代技术（如电子邮件、语音邮件、电话会议和视频会议）的迅速发展和传播，增强了组织对技术通信媒介的使用频率。传统面对面团队和虚拟团队在日常交互中都在使用各种技术手段。在这种情况下，使用技术的能力是协作能否发生的关键。技术适应力指在工作中使用特定先进技术时感受到的舒适程度，它会对领导力的涌现产生影响，特别是在虚拟团队中，成员会偏向于选择善于学习和使用新技术的领导。在传统面对面团队和虚拟团队中，使用通信媒介的舒适性有所不同。与传统面对面团队相比，虚拟团队通常使用更先进的技术，而这些技术在易用性方面存在不足，使用者需要得到更高级、更正式的培训。此外，使用者还会面临计算机终端的可访问性、同步群组交流时发言等待时间过长等问题。总体而言，适应技术带来的冲击可以对组织结果产生影响，尤其是在虚拟团队中，技术适应力对领导力涌现的影响更大。

5. 基于虚拟媒介的沟通能力

由于广泛使用的虚拟媒介（如电子邮件、以文字交流为主的工作软件）提供的通信线索有限，因此在使用这些媒介时，沟通效果受到可承载有效信息的文本撰写能力的限制，即基于文本的通信能力（TBCA），包括打字的速度和准确性、语言表达的精准性等。TBCA 可以影响一个人在同步和异步环境中有效沟通的能力，也会影响个人的整体生产力，并能够确定团队的“第一推动者”。在缺少常见社会线索的虚拟团队中，TBCA 也可能成为影响群体绩效的重要因素。因为那些率先提出行动纲领或提供潜在解决方案的个体，在确定群体的方向时，尤其是在提升群体绩效的关键阶段，会更具影响力。即使这些“第一推动者”的想法没有被团队接受或否决，他们也能够发挥 TBCA，及时获取其他成员的讯息。总体而言，已有研究表明，受 TBCA 影响的沟通能力、“第一推动者”地位都是领导力涌现的重要影响因素。因此，能否成功地运用通信技术会影响虚拟团队中领导力的涌现，并且基于文本的沟通能力将与领导力的涌现呈正相关关系。

6. 沟通焦虑

沟通焦虑指与他人的真实沟通或预期沟通相关的恐惧或焦虑。存在高水平沟通焦虑的个体可能表现得害羞或沉默，这会对他们的沟通意愿产生负面影响。沟通焦虑除了在需要社会互动的环境下显现出神经质内向外，也可以通过非人格特征显现，例如在胜任沟通工作方面缺乏自我效能感。因此，沟通焦虑将直接影响个体有效和及时地使用通信技术的能力。考虑领导力涌现需要发生在更具有社会主动性和外倾性的个体身上，因此在需要实时沟通的虚拟团队环境中，沟通焦虑水平越高的个体就越不可能成为领导者。因此沟通焦虑与领导力涌现呈负相关关系①。

4.1.2 组织结构中领导力的形成

分散在虚拟团队中可以视为一个连续性概念：一端是团队成员在同一物理位置（即低分散）的团队，另一端是所有团队成员在不同位置（即高分散）的团队。分散对团队成员技术使用、团队领导力涌现具有显著影响。一般来说，分散程度较低的团队对利用技术手段进行协作和做出团队决策的依赖程度较低。分散社会影响理论和自我分类理论都认为，地理上接近的成员之间将产生更多的影响，进而更易导致领导力的涌现。虽然虚拟团队的配置不受时间、空间和参与者的限制，但是团队层面的领导力涌现受到团队整体配置的影响。例如，一个由四人组成的虚拟团队，团队成员可能位于四个独立的位置（例如1×1×1×1，非常高分散）、三个位置（例如2×1×1，高分散）或两个位置（例如2×2，低分散；3×1，非常低分散）。当团队成员更依赖于通过虚拟工具进行沟通时，团队成员的配置可以影响成员对群体的感知，而近距离接触会提高团队成员之间的社

---

① Charlier S D, Stewart G L, Greco L M, et al. Emergent leadership in virtual teams: a multilevel investigation of individual communication and team dispersion antecedents[J]. The Leadership Quarterly, 2016, 27(5): 745-764.

会影响水平和群体认知。因此，如果虚拟团队同时存在处于相同位置和处于不同位置的成员，通常处于相同位置的成员间能保持更强的亲和力。因此团队配置与团队层面的领导力涌现有关，即较低的分散程度将导致更高级别的领导力涌现。

4.1.3 数字技术上领导力的形成

将技术视为情境特征的研究观点认为，技术是团队中具有固定性的情境特征，能够设置团队过程发生的情境。当团队使用数字技术进行交互时，技术是领导情境的重要组成部分。该观点认为技术与团队是分离的，技术使用与否、技术丰富程度等使技术成为决定领导情境的重要特征。

将技术视为社会材料的研究从形式维度解释了技术对团队领导的影响。技术在塑造团队地位等级结构中发挥着重要作用，即使用技术时，领导出现概率是更有可能产生领导力，还是更有可能实现成员平等参与。网络社区的研究强调了社区成员之间通过频繁共享或轮换涌现的、非正式的领导的重要性。网络社区和人群中的领导倾向于在成员间转移，领导权威在这类社区中稍纵即逝[①]。事实上，在线社区甚至抵制那些开发和维护平台的正式领导。总体而言，网络社区的固有结构使得领导力在这种团队类型中表现出更加共享、非正式的涌现。上述研究表明，技术应用可以影响团队领导形式、领导稳定性或流动性水平。

4.2 虚拟团队中的领导行为

学者们一致认为，虚拟团队比传统面对面团队更难领导。由于地理分散、缺乏面对面沟通、频繁异步沟通等问题，团队领导更难执行传统的跨层级领导行为，如掌握团队动态和激励团队成员。为让虚拟团队发挥与传统面对面团队同等

---

① Larson L，DeChurch L A. Leading teams in the digital age：four perspectives on technology and what they mean for leading teams[J]. The Leadership Quarterly，2020,31(1)：101377.

的作用，虚拟团队领导者需要投入更多的时间和精力。但是单纯表现出更多的主动性、更努力的尝试，或者投入更多的时间和精力可能并不总是有效的。随着团队虚拟性的增加，提高团队绩效需要考虑跨层级领导的影响减弱的程度。因此我们首先需要考虑虚拟团队的领导具备哪些行为，然后探究这些行为对团队结果产生了哪些影响。

在团队领导相关文献中，研究人员强调了将团队内领导作用视为多层次现象的重要性。关于传统面对面团队的大量研究证实，个人层面的领导对员工的各种态度和行为都有影响，而团队层面的领导不仅影响团队过程和结果，还影响个人绩效。领导在团队和个人层面的作用在虚拟环境中也是如此。团队领导可能表现出针对整个虚拟团队的行为（例如，同所有成员召开一次虚拟会议），同时与每个团队成员保持单独的联系（例如，分别向每个人发送电子邮件或电话）。在研究虚拟团队领导能力时，需要采用多层的视角。在现有的多层次团队研究以及虚拟团队领导的理论和发现的基础上，我们提出了一个虚拟领导研究的多层次框架。

4.2.1 个人层面的领导行为

领导者不仅要与整个团队互动，而且会对每个成员产生影响，因此需要同时考虑领导者与团队和领导者与下属的互动。每个团队成员都面临着本地工作环境所特有的挑战，个人层面的虚拟领导行为对于塑造员工的认知、情感和动机状态以及促进个人效能至关重要。与团队层面的领导行为相似，虚拟团队中的领导者在与成员个体互动时，可能将行为聚焦于任务或关系上。在个体层面理解领导效果最有用的方法之一是领导-成员交换（LMX）关系。与其他领导方式不同，领导-成员交换关系侧重于领导与团队内每个成员之间的互动以及这种二元关系的质量。多维视角下领导-成员交换关系的研究表明，领导者与个体追随者的互动基于四个维度：情感，即领导者与成员之间基于关系而非任务相关方面的情感互动；忠诚，即公开表示相互支持；贡献，即为实现共同目标而付出任务行动的数量、方向和质量；专业尊重，即相互信任对方的能力、技能和知识。

1. 增加情感互动

领导者除了对每个成员的任务提供建议和支持外，如了解成员对技术的熟悉度等，还可以通过关系导向的行为来增强成员对他们的情感。领导者的信息和行为在成员的情感反应中起着重要作用。为了与成员建立高质量关系，领导者不仅需要协助每个成员完成任务，还需要与每个追随者交换社会或个人信息。例如通过电子邮件了解个人信息，或者通过与成员聊天了解他们的生活状况等，都将有助于增强社会情感纽带。领导者表现出的这种关系建构行为会促进成员对领导者个人的感知，增加成员将领导者视为朋友的可能性。

2. 提升忠诚度

领导者巩固与成员关系的另一种途径是通过其对成员的公共支持，帮助成员进行辩护，将有助于提升成员忠诚度。例如，当一个团队成员的工作在视频会议期间受到上级管理层的质疑时，领导者不指责成员而是帮其解释情况，这种公众支持有助于与成员建立信任关系。值得注意的是，在部分虚拟团队中，领导人倾向于与处在同一位置的成员互动，并着重帮助他们的发展，这表明领导与成员之间的物理距离对领导-成员交换关系质量具有负面影响。因此，团队领导者需要克服这种偏见，找到理解和帮助每个成员的方法。优秀的虚拟团队领导者需要确保每个成员都有机会学习、成长、做出贡献并产生归属感。因此通过与每个成员的紧密互动，领导者可以同所有成员建立高度信任的关系，增加他们的任务动机，进而促进个体的有效性。

3. 提升贡献度

领导者针对个人的任务导向行为增强了成员在工作导向活动中发挥更大作用的动机。具体来说，虚拟团队中的领导者可以通过即时通信（如电话）与每个成员进行私人聊天，了解他们的需求。基于成员独特的本地环境，领导者可以协助成员制订个性化的工作目标和确定完成工作的程序，这种来自领导者的个体辅导将增强成员的自我效能感和工作动机，并被证明是有益的。此外，领导者可能需要为成员提供有价值的资源（如预算支持、设备）和反馈，以增加成员在任务中付出行动的意愿。

4. 提高专业尊重

虚拟团队中的领导者最为了解整个团队的目标、资源和过程。特别是在同步性和协调性不佳的虚拟团队中，成员可能会对自己的角色定位和工作程序产生困惑。在这样的工作情境中，领导者可以在部分沟通过程中明确每个成员的责任，并提供与每个成员的特质情境相关的指导。这种定制化的任务建议不仅能够指导个人完成任务，而且能够提高成员对领导者专业知识和技能的尊重，认定领导者是他们想要追逐的榜样。

4.2.2 团队层面上的领导行为

在团队层面上，虚拟团队的领导者不仅可以开发和塑造团队，还可以监控和管理团队绩效。虚拟团队的成员是推动团队过程和涌现状态的主体，这是因为他们为了实现共同目标而具有依存与监督关系。领导行为通过影响诸多中介因素来协调成员间的关系，进而影响团队绩效。研究发现，多个团队过程和涌现状态（例如虚拟协作、共享心智模型、团队信任、团队冲突和共享领导）对虚拟团队有效性至关重要，着重解释了它们同领导行为的关系。

1. 促进虚拟协作

在虚拟团队中，工作和任务大多是通过虚拟渠道完成的，这突出了虚拟协作的重要性。虚拟协作是指团队成员为支持同队友的有效交互而实施的聚合行为。作为虚拟团队中最重要的流程之一，虚拟协作有助于提高团队绩效。因此，探索影响虚拟协作的因素至关重要。现有的研究和理论表明，团队领导主要通过影响虚拟协作来影响团队绩效。

在领导者对虚拟协作的影响方面，任务型协作和关系型协作都至关重要。领导者可以针对不同的任务需求为团队成员提供资源、开展培训等。例如：建立社区，以便在实施新流程时随时向成员通报信息；为每个团队的资源库定制分步说明，以便帮助成员访问需要的资源等。这样面向任务的领导行为有助于增强团队的虚拟协作水平。除此之外，强调关系重要性的领导行为也有助于提高团队的虚拟协作水平。团队成员之间的良好关系能够促进虚拟团队中的合作情境和工作氛围。鉴于虚拟团队中的成员可能具有不同的背景，团队领导者需要通过确保所有成员理解、欣赏和利用多样性来建立信任关系。总而言之，部分领导行为有助于虚拟协作的发展，从而提高了虚拟团队的有效性。

2. 开发共享心智模型

受领导行为影响的另一个关键方面是共享心智模型。从本质上讲，心智模型是人类产生对系统目的和形式的描述、对系统功能和观察到的系统状态的解释以及对未来系统状态的预测的机制。与团队层面的其他涌现状态类似，共享心智模型能够有效地应对团队环境和任务要求。相比传统面对面团队，虚拟团队中的沟通更困难。领导者必须有能力明确成员之间的关系，并预测团队运作所需的信息和资源。共享心智模型就是这样一种涌现状态，能够促进不同地域人之间的交流，增加团队知识和集体建构任务。

领导者在促进虚拟团队共享心智模型的形成和发展方面发挥着重要作用，这种领导功能在虚拟环境中尤其重要。与传统面对面团队相比，虚拟团队可能配备了不同的技术，这需要团队共享独特的知识才能进行交互。因此，虚拟团队的领导者需要向整个团队成员提供培训，让他们在明确目标和策略的同时，分享对如何共同利用这种技术的理解。除了这种任务导向的行为外，创造一种促进成员间关系的团队氛围有助于形成共享心智模型。领导者为团队成员提供了互相了解的机会，帮助成员建立良好的关系以更好地沟通互动。例如，为了确保参与工作的每个成员都共享明确的任务知识结构和工作关系，公司为每个社区都分配了一名全职领导以加强知识共享。这种虚拟团队合作中的领导使组织能够不断地共享知识，鼓励员工相互学习，为共享心智模型的形成扫清了道路。因此，促进知识共享和增强虚拟团队成员之间交互的领导行为有助于开发虚拟团队中的共享心智模型，进而提高虚拟团队的有效性。

3. 建立团队信任

信任在虚拟环境中特别重要，因为它缩短了成员在物理分散的团队中的心理距离。信任将物理上孤立的个体黏合在一起，决定着虚拟团队的成功。由于虚拟团队更倾向于任务导向和依赖关系，因此建立信任一直是一个挑战。在第 4 章中我们将详细讲述虚拟团队中信任的产生、建立和维系，而领导人需要建立定期的、媒体丰富的沟通渠道，让成员以同步形式交换信息。除了关注为任务沟通奠定基础的行为外，领导者还可以为团队成员创造面对面互动的机会，因为面对面的互动对于建立信任是不可替代的。同时，制定明确的团队规范和期望、为成员创造分享经验的机会、增强团队透明度等都有助于建立成员间的信任。

虚拟团队中信任的一个重要特征就是快速信任，与传统信任相比，建立快速信任不需要人际维度。相反，先前的经验可为建立快速信任打下基础，通过行动和结果能够进一步维持信任。在虚拟团队中，领导者对团队运作的即时反馈有助于发展快速信任，因为这可为成员提供他们能够协作的信心。因此，团队成立早期举行面对面会议、利用媒体丰富的沟通渠道、以同步形式促进信息交流等领导行为，都有助于虚拟团队内部的信任建设，进而提高虚拟团队的有效性。

4. 管理团队冲突

为了领导虚拟团队并提高其效力，领导者管理冲突至关重要。团队冲突是指成员对其个体差异、不相容以及不可调和的愿望和欲望的感知。团队冲突可以根据冲突是否涉及关系、任务或过程来区分。关系冲突是指成员对人际差异的感知；任务冲突是指成员对关于团队任务的不同意见的感知；与任务冲突相关，当成员感知到关于团队任务的不同意见时，过程冲突就会发生。

在虚拟团队中，团队成员更容易将违反规范的行为归因于个人而非情境因素，进而更易引发关系冲突。因此强调关系构建的领导行为在虚拟团队中十分重要，而有效沟通能够避免关系冲突。为了促进虚拟团队成员之间的沟通，领导者可以采取建立沟通规范、开发虚拟沟通渠道、组织面对面会议和虚拟集会等手段。为避免虚拟团队中的任务冲突，领导者可以利用虚拟沟通工具明确任务责任，促进任务协调，让团队成员共享工作状态。

对于兼具不同沟通模式的虚拟团队而言，管理冲突更具有挑战性。一方面，团队成员间可能存在不同的沟通模式，有些成员依赖虚拟媒介沟通，而另一些成员仍然实施面对面沟通。不同的沟通模式可能会在团队内部产生截然不同的沟通规范，进而加剧冲突。另一方面，领导者同成员间可能存在不同的沟通模式，领导者很可能与面对面接触的成员形成一个内群体，这是因为领导者与同位成员互动的沟通成本更低。这种组内和组外的差异会加剧冲突，因此，虚拟团队的领导人需要特别注意将处于相同位置和地理分散的成员相互联系起来，以提高团队有效性。

5. 共享领导行为

由于在虚拟环境中影响和激励下属的难度增加，虚拟环境中的领导者要更专注于提高团队的自我管理能力。这种自我管理的团队被认为具有共同的领导能力，即团队成员分担责任、相互影响、相互指导并进行合作决策。与传统跨层级领导不同的是，共享领导的影响过程是横向的，是一种在虚拟环境中提高团队绩效的集体工作形式。

团队共享领导是影响团队绩效的关键前因，团队成员之间的共享领导与团队正式领导者的领导并不矛盾。在虚拟环境中，共享团队领导弥补了影响团队运作的传统跨层级领导的不足，为团队提供了结构支持。正式领导者可以促进团队内共同领导的形成，而共同领导可以成为正式领导的补充。正式领导者的启动结构和团队目标的设定行为可以帮助共享型领导更加注重执行和监控团队工作。在虚拟环境中，正式领导者可以通过电子邮件等形式将团队目标形式化并将其传达给整个团队，要求成员在虚拟会议期间承担各种任务，并鼓励成员定期向团队中的其他成员报告自己的工作状态。因此，共享领导可能在结构性支持方面作为正式领导的补充。然而，正式领导者仍然承担着建立团队成员之间信任和关系的责任①。

4.2.3 跨层次的领导行为

团队研究在传统上以平行的方式考察团队内部的过程，分别探讨团队和个体层面的过程功能同质性。近年来，学者们提出了团队层面的过程和涌现状态可以跨层次影响个体过程的观点②。事实上，在团队中工作的成员不仅将自己视为个人，而且将团队成员身份纳入自我定义之中。社会认知理论认为，情感、认知和动机过程是可以传递的。在团队中可以实现跨层次传递，这是因为个体可以通过观察和复制团队内其他成员的行为来学习。在情感方面，如果团队中的每个人都强烈认可与他人的关系，便可以增强与成员、团队的情感联系。在认知方面，与一个能够完成小组任务的团队合作，可以增强个人信念，即相信自身拥有通过类

① Hoch J E, Kozlowski S W J. Leading virtual teams: hierarchical leadership, structural supports, and shared team leadership[J]. The Journal of Applied Psychology, 2014, 99(3): 390-403.

② Charlier S D, Stewart G L, Greco L M, et al. Emergent leadership in virtual teams: a multilevel investigation of individual communication and team dispersion antecedents[J]. The Leadership Quarterly, 2016, 27(5): 745-764.

似行动获得成功的能力。相反，成员们要是在能力上存在疑虑并且预期悲观，也会损害自己的效能和行动。

虚拟团队中的过程和涌现状态有望对团队中个体成员的情感、动机和认知过程产生类似的跨层效应。首先，团队有效性有助于虚拟团队中的个人运作。当虚拟协作程度较高却能进行有效互动时，这样紧密而有效的协作将提高个人对团队的信心，可以帮助他们克服虚拟工作带来的潜在焦虑，增强他们的工作动力。其次，共享心智模型也有助于虚拟团队中的个人运作。由于虚拟环境的分散性，成员在虚拟团队中可能面临的最突出的挑战之一是难以系统地了解如何进行协作、处理成员关系、运用现有资源等。因此，拥有一个明确任务和关系的共享心智模型，有助于个体在执行任务时感到舒适和获得支持感。最后，虚拟团队中的信任有助于每个成员之间的自由交流，鼓励个体在执行任务时采取主动甚至冒险的行为决策。相反，虚拟团队中的冲突会使成员产生放弃努力、降低动机、脱离团队等消极反应。

虚拟团队的授权型领导可以调节个人的情境判断对协作程度的影响。当虚拟领导者表现出高度的授权领导能力时，个人的情境判断利于虚拟协作。然而，当虚拟领导者的授权领导能力较低时，这种积极联系并不显著。因此，虚拟团队过程和涌现状态影响个体的认知、情感和动机，即跨层次的直接作用，虚拟领导调节虚拟团队中重要的个体层面的过程，即跨层次的调节作用。

4.3 虚拟团队中的领导力及其影响

4.3.1 跨层级领导力及其影响

跨层级领导力反映了正式指定的领导与跨层级领导之间的关系，它将对个人和团队绩效产生有力影响。

1. 领导-成员交换关系

领导-成员交换关系对团队绩效有利。领导-成员交换关系关心的是团队领导者与每个成员之间并列关系的性质和质量，它描述了领导者与成员关系的性质。领导-成员交换关系主要是通过面对面的接触发展而来的，尽管这种关系也可以通过电子邮件和视频会议等电子通信形式来维持。领导-成员交换关系为领导者的影响提供了一种替代机制，虽然人际关系的发展能够减小缺乏面对面交流对虚拟团队产生的不利影响，但是领导-成员交换关系在领导者同成员基本没有面对面接触的环境中同样难以发展。

2. 电子指导

电子指导是管理虚拟团队的重要领导功能，因为它不局限于面对面互动。此外，在虚拟协作中，人口统计学中的特征（如年龄或性别）不太显著，因此更有可能基于业绩标准决定谁来指导。电子指导能够协助领导者发展个人关系，帮助领导者增大对团队成员的影响。通过增加领导者和成员之间的互动，可以减小虚拟团队面对面接触不足所带来的负面影响。

3. 结构支持

鉴于跨层级领导力在虚拟团队中发挥作用的难度更大，因此当团队在本质上具备高虚拟性时，如何弥补跨层级领导力的不足就显得尤为重要。结构支持是一种间接影响形式，也是一种领导层替代办法，不仅能够通过结构属性对团队成员的动机和行为产生影响，还能在组织和任务结构的各个方面补偿、增强或削弱领导对员工行为的影响，进而影响团队结果。结构性因素作为虚拟团队领导的补充，与管理信息、资源和物质奖励的结构性职能是一致的。

在虚拟团队中，结构支持所提供的稳定性和确定性可以弥补虚拟团队的不稳定性和不可预测性。首先，由于虚拟团队的地理分散性，领导需要创造规则和制度来规范团队行为，以此弥补对员工监控的不足。其次，领导需要建立公平的奖励制度，刺激员工在团队工作中付出更多的努力。最后，用于虚拟团队的通信和信息管理系统是结构支持的重要组成部分，其中包括信息基础设施、接收到的信息质量，以及通信和信息管理的透明度和充分性。建立和管理支持沟通的信息管理系统能够促进信息的可获得性，满足团队成员沟通和共享知识的需要，有效减少团队成员对缺乏信任、去个性化和低社会控制的感知，该系统可成为虚拟团队领导的有效补充[①]。

4.3.2 共享团队领导力及其影响

共享领导指多个团队成员共同参与履行团队领导职能。共享团队领导的特征是协作决策和共同责任，将领导力传播到多个或所有团队成员中，团队成员相互领导以实现目标。共享领导代表了一个团队层面的概念，通常是由具有自我管理和自我领导能力的成员组成的团队。作为典型的高技能专业人员，虚拟团队成员通常被期望拥有这两种能力，有助于其参与共享领导的过程。此外，共享领导的先决条件包括参与协作决策、影响和支持其他团队成员、培养动机并对结果负责。共享团队领导可以在团队成员之间建立更牢固的联系，促进信任、凝聚力和承诺，并弥补虚拟团队的不足。共享领导是比单独领导更适合虚拟团队的团队领导形式[②]。在共享领导过程中，团队成员之间更易实现非正式的、不跨层次的沟通。因此，与虚拟团队成员共享领导功能成为补充跨层级领导的一种机制。

虚拟团队中的工作过程具有认知负荷、高度依赖性、自我管理的特点。复杂的团队合作需要使用自我管理团队。因此，共享团队领导意味着团队成员并不需要执行与正式领导相同的领导行为，而是可以被视为团队成员在何种程度上以何种方式支撑团队绩效的过程。从领导功能视角而言，认知功能、情感动机功能和行为功能是团队效能的关键，团队领导有效性基于领导者对团队认知、情感动机和行为功能的处理，共享团队领导可以通过非正式领导机制来履行相关职能。

领导功能视角同样可以应用在描述虚拟团队中的共享领导力方面。认知功能可以用团队学习来表示，由于虚拟团队中的工作具有认知负荷的性质，因此这种认知功能具有高度的相关性。情感动机功能可以用感知到的团队支持来体现，这与建立团队信任和提升团队凝聚力有关，并可能解决由于虚拟团队缺乏面对面交

① Hoch J E, Kozlowski S W J. Leading virtual teams: hierarchical leadership, structural supports, and shared team leadership[J]. The Journal of Applied Psychology, 2014, 99(3): 390-403.

② 同①。

流而导致的信任问题。行为功能反映的是将传统领导成员跨层次交换应用于同事间横向交换的成员数量与交换质量①。我们期望共享团队领导能够提供一种弥补虚拟团队中的不足的手段，且随着虚拟性水平的不断提高，将与团队绩效形成更紧密的相关性。

4.3.3 变革型领导力及其影响

变革型领导的能力由领导魅力、感召力、激发智力和个性化关怀组成。领导魅力指领导者激发下属的奉献精神和忠诚意识，对理想表现出坚定的承诺，并强调集体使命的重要性；感召力指领导者对员工产生吸引力，传递对未来的热情愿景和成功完成目标的信心；激发智力指领导者激发员工智力和理性，鼓励员工重视思考，培养员工解决问题的能力的行为；个性化关怀指领导者认识到员工的独特需求和能力，区别对待个性不同的员工，指导并帮助员工发展。

1. 虚拟团队中变革型领导力的成因

（1）人格特质

当关注自我管理团队的变革型领导力成因时，我们有理由考虑个性。个性在自我管理团队中特别重要，因为领导角色如何进行人际互动受到个性的影响。研究表明，大五人格模型的特征是影响变革型领导行为的因素之一，特别是在面对面的环境中。外倾性和宜人性积极影响了变革型领导，而责任心和神经质性与变革型领导无关。但是在虚拟团队中，特别是在纯粹虚拟的情况下，个体的个性对行为或交流的影响并不明显，这在很大程度上说明了人格特质对领导力的影响需要考虑情境因素。

造成这种影响有三个原因。第一，与社会技能相关联的外倾性行为在虚拟情境中可能并不容易显现。第二，传统的外倾性等特质评估不适用于虚拟情境，即使是像“不多说话”这样的条目，也可能被应答者理解为只适用于面对面的情

---

① Hoch J E, Dulebohn J H. Team personality composition, emergent leadership and shared leadership in virtual teams: a theoretical framework[J]. Human Resource Management Review, 2017, 27(4): 678-693.

境。第三，在面对面的情境中所表现的具体人格特质，在虚拟情境中可能并不会表现出来。例如，一个人可能在面对面的情境中相对外向，而在虚拟环境中更加内向，反之亦然。因此，沟通媒介的类型会调节大五人格因素与变革型领导力涌现之间的关系，即传统体系中的人格特质能够在面对面的情境中预测变革型领导力的出现，而在纯粹的虚拟情境中则难以实现。

（2）领导活动水平

领导活动水平提供了表明领导者信心、信念和影响的信息，应当与下属对变革型领导的看法相一致。此外，通过个人的广泛参与，领导者能够展示如何从不同的角度看待问题，从而实现对员工智力的激发，此外，他们还能够通过寻求不同的视角来展示活动。简而言之，我们认为高活动水平对变革型领导力涌现具有促进作用。

对活动水平的衡量需要考虑时序因素，评判活动水平不仅需要关注个体提供意见的多少，而且需要关注个体在工作发起、推动中扮演的角色，以及提出首创问题的数量。在虚拟团队中，参与频率可以用书面互动的数量来衡量，即个体提供问题、意见等评论的绝对或相对数量。与面对面的情境不同，虚拟情境中的成员拥有足够发布意见的机会，成员之间不存在机会竞争的关系，所有成员都可以成为同等级别的贡献者，每个团队成员都有平等的机会获得通过活动水平实现的领导地位。

（3）书面语言质量

有效的沟通应当关注群体成员能否从中快速提取信息，而不仅仅是考虑沟通多少或何时沟通。沟通中的表达效果与他人对变革型领导的感知之间存在强相关关系。例如，人们普遍认为变革型领导能够清楚而雄辩地阐述思想、价值观和愿景。

在一个典型的面对面情境中，表达能够呈现为多种表现方式，最终服务于变革型领导者的形象塑造。例如，采取具有丰富内涵和修辞手法的口语交流（如包含意象和隐喻的故事等）对于塑造变革型领导的形象很重要。此外，外表形象、肢体语言等非语言行为也与之具有相关关系。因此，领导者可以用口语表达思想、刻画情感诉求，或者采取非言语行为影响感知和行为。

然而在虚拟情境中，领导者进行表达的媒介更为有限。当虚拟团队中的大多沟通均以文本形式呈现时，如果领导能够以周到、清晰、有感染力的方式表达书面想法，其他群体成员也很可能积极地看待这种行为，感知到领导者的自信、远见或洞察力。在虚拟情境中，一个新兴的、变革型领导人必须依靠书面语言质量引发成员的钦佩、尊重和信任[①]。总而言之，在虚拟团队中，书面语言质量对于变革型领导的感知至关重要。那些能够以较高的语言素质表达自己的观点而进行良好交流的人，具备变革型领导的品质。

2. 变革型领导在虚拟团队中的作用

(1) 团队互动风格

关于在丰富媒介沟通环境下的研究表明，变革对团队过程和结果产生积极影响。例如，在解决问题的团队中，变革型领导会增强团队成员的热情和信心，促进团队成员对不同观点的理解和欣赏，并激励团队成员重新审视关键假设，以新的方式看待问题。这些特征被认为促进了建设性团队互动而非防御性团队互动。沟通媒介的丰富程度对此过程起到调节作用。基于媒体丰富度理论，更丰富的沟通媒介允许提供更多的语言和非语言线索，从而实现更自然的团队沟通和决策。此外，更丰富的沟通媒介会放大领导风格对团队互动的影响，因为更多的语言和非语言线索会使领导行为更加突出[②]。变革型领导下更丰富的沟通媒介能够促进对建设性团队互动的积极领导作用。

(2) 团队凝聚力

变革型领导能力能够增加共同的愿景和团队承诺，而这反过来又将提升团队凝聚力。但这一过程受到沟通媒介的调节，面对面沟通的团队比通过文本沟通媒介进行交流的虚拟团队更具凝聚力。以虚拟沟通媒介为主的团队执行相互依赖任务的满意度通常低于面对面团队，这有可能是由打字交流比言语交际耗时长、效果差所带来的挫折感造成的。虚拟工具数量的增多能够有效改善该状况，而更丰富的沟通媒介可以形成更大的凝聚力。因此，变革型领导在传统面对面团队中更能积极影响团队的凝聚力，采取更丰富的沟通媒介能够增大变革型领导在虚拟团队中对团队凝聚力的积极影响。

---

① Balthazard P A, Waldman D A, Warren J E. Predictors of the emergence of transformational leadership in virtual decision teams[J]. The Leadership Quarterly, 2009,20(5): 651-663.

② Hambley L A, O'Neill T A, Kline T J B. Virtual team leadership: the effects of leadership style and communication medium on team interaction styles and outcomes[J]. Organizational Behavior and Human Decision Processes, 2007,103(1): 1-20.

(3) 团队创造力

多数相关研究认为变革型领导显著正向影响下属个体与团队创造性产出，其主要理由是变革型领导通过认知、动机及组织环境影响员工和团队创造力。在认知方面，变革型领导能够通过关心下属，影响下属的价值观和认同感，增加团队自信并激发团队能动性。同时，变革型领导能提出打破常规的观点，鼓励下属采取探索和开放的思维方式去进行创造性思考，下属的求知欲被激发，能够发挥想象提出原创的解决方案和新颖独特的想法。另外，变革型领导自身往往在工作中展示出的打破常规的创新行为使领导者本身成为倡导创新的模范，下属会自发效仿变革型领导，从而积极参与创新。在动机方面，变革型领导影响创造力与变革型领导强调愿景有关。变革型领导作为变革推动者，强调现状的不足之处，明确需要改进的方面，宣传有吸引力的美好未来的愿景以获得下属的认同，通过不断地传递对积极结果的期望，激发下属变革创新的自我效能感。在组织环境方面，由于虚拟团队任务的复杂性、成员所处地理工作环境的动态性和差异性，团队内部互惠和结构至关重要。变革型领导通过鼓励下属共享知识并提出探索性的意见和创造性地思考，创造支持和引导创新的组织氛围①。

(4) 团队绩效

社会确定性理论和电子领导理论有效地解释了变革型领导对团队绩效的影响。社会确定性理论认为虚拟通信的不确定性特征导致虚拟交互者比面对面交互者对结构和社会关系环境有更大的需求。电子领导理论认为虚拟团队领导可以通过创新领导的方式来适应技术需要。由于沟通媒介的阻碍，虚拟团队在充满挑战、动荡和不确定的条件下运行时，我们称为弱情境，这种背景为领导创造了影响团队绩效的最佳机会。弱情境并不能通过给人们提供明确的社会或结构线索来指导他们的行为，因此变革型领导有更大的机会影响和参与下属的自我概念、价值观和身份感的形成过程。变革型领导可以通过制订鼓舞人心的目标、响应追随者的关切问题，进而帮助下属建立信心和提升绩效②。

除此之外，关于虚拟团队领导行为的一般性研究可以体现变革型领导的优势。相关的研究认为，成功的虚拟领导者应具备几种具体行为：创造团队目标、

---

① 顾琴轩，张冰钦．虚拟团队变革型和交易型领导对团队创造力的影响机理：共享领导视角[J]．中国人力资源开发，2017(11)：6-16.

② Purvanova R K，Bono J E．Transformational leadership in context：face-to-face and virtual teams [J]．The Leadership Quarterly，2009，20(3)：343-357.

建立团队信任、团结团队成员、监控团队进展、提升团队成员的外部可见性、注重对团队成员的关注和辅导、确保个人受益于虚拟团队等。这些研究中描述的许多领导行为显然属于变革型领导领域。总之，虚拟沟通媒介导致下属存在不可预见性和不确定感，变革型领导者能够通过创造社会情境感、加深工作结构来增强下属的预见性和确定感，最终提升团队绩效。因此，在虚拟团队中展现变革型领导行为比在传统面对面团队中展现变革型领导行为对团队绩效产生的影响更大。

第 5 章

虚拟团队的激励与管理

虚拟团队有许多明显的优势，比如：缩减办公空间、降低时间成本；增加接触专家的机会；产生低成本、高质量、创新型解决方案并给予组织更多的竞争优势。但是虚拟团队也存在许多的劣势，我们也注意到由于虚拟团队成员之间、管理层和虚拟团队成员之间存在地理距离且交流有限，这就极易产生沟通不畅、管理真空等问题，并由此导致团队协作性差、领导力部分甚至全部失效。因此，加强对虚拟团队的激励与管理，改造团队环境和员工个体显得尤为重要。虚拟团队的激励与管理是虚拟团队研究的另一个重要主题，本章将就相关前沿研究进行介绍。

5.1 虚拟团队的激励

为了对虚拟团队进行有效的激励，可以采取几个策略：员工的个体成长与团队职业开发和培训机制相结合；员工的工作自主与团队信心、自主、创新的文化氛围相结合；员工的业务成就与团队公平的薪酬体系相结合。下面我们着重介绍激励中的培训机制、建立信心与薪酬体系。

5.1.1 虚拟团队的培训

1. 虚拟团队成功的阻碍

尽管虚拟团队具备许多工作优势，但是一些专家认为，虚拟团队失败比成功的经验更多，这是因为虚拟团队在远程工作时经常面临一些挑战：协调跨时间和空间的团队工作；在缺乏频繁面对面沟通的情况下，在团队领导和成员之间以及在团队成员之间建立有效的工作关系；识别并成功地使用适用于特定团队任务的技术。如果虚拟团队领导选择在促进虚拟团队流程的技术方面接受培训，这些协调问题可以被最小化①。

首先，协调跨时间和空间的团队工作，要求虚拟团队成员之间增进交流有效性。为了弥补非语言线索的缺失，团队成员需要学习以非传统方式传递情境信息。其次，在缺乏频繁面对面沟通的情况下，团队成员之间难以建立有效的工作关系，团队成员需要学习如何克服刻板印象，建立对团队和团队成员的信任。最后，应对识别并成功地使用适用于特定团队任务的技术挑战，要求团队成员熟悉沟通媒介、决策支持系统等先进技术，同时还需要学习如何根据团队的任务选择适合使用的技术。

---

① 何瑛. 虚拟团队管理：理论基础、运行机制与实证研究[M]. 北京：经济管理出版社，2003.

2. 实施虚拟团队培训

针对虚拟团队面临的挑战，团队应该为领导者和其他员工制订一套切实可行的培训方案，对团队成员进行外部激励，帮助他们完成职业能力开发并顺利度过过渡期。

首先，随着领导者与员工之间物理、社会和心理距离的增加，领导者以变革的方式行事变得更加困难。虚拟团队领导者的关键职能包括选择具有适当技能和经验的团队成员虚拟工作，监控虚拟绩效，识别并奖励成员对虚拟团队的贡献，管理外部团队边界等。团队可以为领导者提供相应培训，如有关新兴通信技术的适当信息，以及虚拟工作独特的人际动态。其次，在虚拟团队中，员工十分重视能够促进他们不断发展、有挑战性的工作①。因此，团队应为团队成员提供良好的学习和培训机制，例如沟通技术和相应技能的培训和学习，使员工的能力逐步提高，满足他们个体成长的愿望。

5.1.2　激励与建立信心

1. 激励与建立信心的过程

个体团队成员嵌入在团队中，他们对团队的感知和态度源于他们与团队成员的互动。因此，单个成员与整体团队互动的性质会对团队经验的评价产生显著影响。集体或团队效能感的出现能够积极塑造个体对团队经验的感知，促进团队成员之间更大凝聚力的发展，并对团队的目标和理想产生更积极的影响。当团队成员对有效完成团队目标的集体能力产生信心时，这种集体效能感就会出现。

激励与建立信心是指持续地鼓励团队成员保持高水平的绩效，并有助于增强集体信心。团队可以通过帮助团队成员建立对集体能力的积极感知和对团队成功的积极反馈来激励个体。此外，信心有助于培养团队成员的团队意识和社会认同感，增强他们对团队目标的责任感，提高他们对团队的整体满意度。未能建立信心往往会导致团队效率随着时间的推移而下降。

---

① Rosen B，Furst S，Blackburn R. Training for virtual teams：an investigation of current practices and future needs[J]. Human Resource Management，2006，45(2)：229-247.

团队对个人社会需求的响应、培养团队认同感、维持团队保密感、为成员提供持续的支持是激励和建立团队成员信心的方式[①]。仔细关注虚拟团队成员的社会需求有助于帮助团队成员成功克服疏离感、孤立感和超脱感，获得团队成员实现群体目标的承诺。此外，关注虚拟团队成员的社会需求有助于保持虚拟团队成员“圈子”并提供包容感。

2. 利用信息通信技术激励与建立信心

激励与建立信心行为是在团队生命周期内产生的，因此应该与团队任务并行执行。自我效能理论认为，频繁的反馈是建立信心的重要因素。从本质上说，反馈起到了积极的强化作用，它不仅承认一个团队成员在特定领域的长处和能力，还能识别出推动自我完善和学习良性循环的成长和发展机会。进一步地，绩效管理和反馈理论注意到以个性化、丰富的方式沟通的重要性，这种反馈形式能够尽量减少误解，并酌情允许对话和澄清。因此，反馈最好是面对面地传递，可以使用多种视觉线索来提供补充信息，而不是通过备忘录等媒介进行传递。最后，当经过沟通得到反馈结果时，反馈会更加有效，因为双方对交流的内容达成了共识。

早期和持续的反馈对于在团队初创阶段培养团队成员的信心很有价值。一旦建立了这样的自我效能机制，之后再使用广泛多样的沟通工具对激励效果的影响便不大。即便是精简的沟通也可能同样有效地激励团队成员并给他们一种归属感。因此，在团队早期发展阶段，使用反馈度高、表现形式多、可再加工性强的信息通信技术（例如具有视频功能的及时沟通工具）等手段，激励与建立虚拟团队信任将更有效，在团队发展后期阶段，使用可视化的信息通信技术（如网络会议），激励和建立虚拟团队信任将更有效。

5.1.3 薪酬体系设计

传统团队所采用的基于技术或基于知识的薪酬体系，有可能造成团队成员在

① Maruping L M, Agarwal R. Managing team interpersonal processes through technology: a task-technology fit perspective[J]. Journal of Applied Psychology, 2004, 89(6): 975-990.

工作中只注重自身的利益，而不顾团队整体利益的局面，同时也会使内部薪酬差异较大。在虚拟团队中，各个成员的工作业绩不仅取决于自身，而且源自整个团队成员的努力与共同团队目标的实现，因此，薪酬体系的设置应当基于职位胜任能力。

所谓职位胜任能力是指具有某种资格或胜任一定职务的条件，即拥有足够的技能、知识来履行特定任务或从事某一活动。其主要特征有：与实际工作场所的实践相关；以能被认知的工作活动为基础；是一种活动的结果；能够被展示、观察和评价；必须补充绩效考评标准；能用文字或语言记录，让他人理解含义；适用于具有相同考评标准的行为活动。

评价职位胜任能力的步骤是：首先明确工作的内容以及取得高业绩所需要的条件标准；其次用问卷、访谈方式收集与工作内容及业绩相关的数据；最后进行数据分析，即对必要的知识、技能等职位能力进行提取、分类和评价。通过设置胜任程度来概述团队成员的工作，将工作中所要求的知识、技术以及期望的结果进行综合权衡考察①。

5.2 虚拟团队的管理

5.2.1 虚拟团队的过程管理

1. 人际过程管理

团队成员功能失调的行为包括低组织承诺、低团队承诺、角色模糊、社会困扰和旷工等，这可能对团队绩效不利。有些学者认为，这种功能失调的行为在虚

① 何瑛．虚拟团队管理：理论基础、运行机制与实证研究[M]．北京：经济管理出版社，2003.

拟团队的背景下会加剧。此外，孤立感和社会身份的丧失在虚拟团队中特别突出，并可能通过离职行为和缺乏参与对团队绩效产生不利影响。因此，团队的人际过程管理是一个关键的团队过程，如果处理不当，可能会影响执行其他团队流程的效率。据此我们建立了图 5-1 所示的理论模型，该模型假设人际过程的性质、团队过程的发展阶段与沟通媒介在影响团队过程和结果方面相互作用。我们没有考虑团队参与的各种不同的任务和过程，而是着重关注团队的人际过程。团队人际过程定义为冲突管理、动机/信心建立以及影响团队成员人际关系管理的活动，这些人际过程贯穿于团队发展的各个阶段。

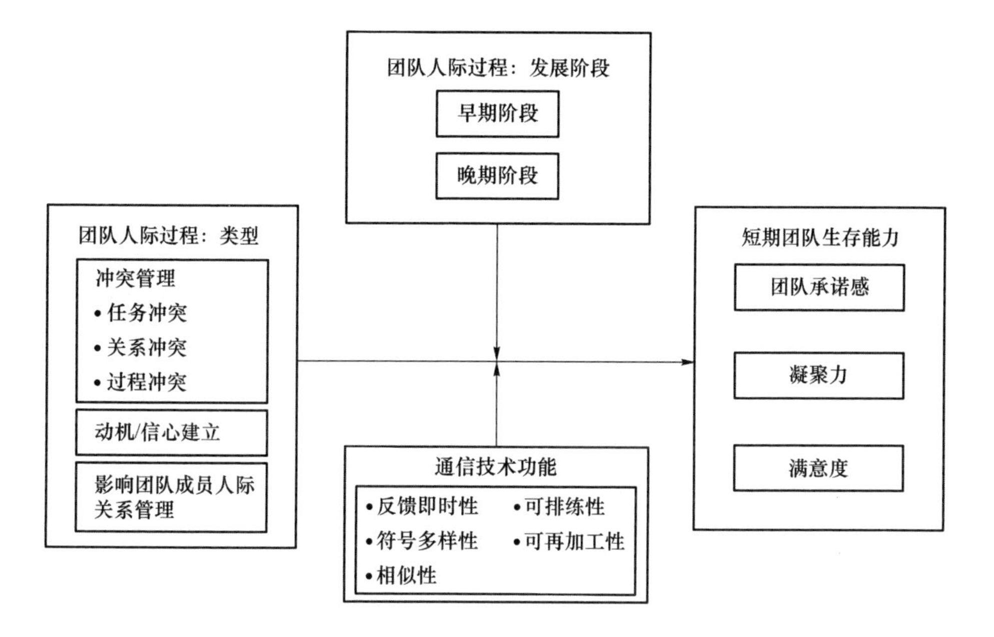

图 5-1　虚拟团队中人际过程管理的理论模型

（资料来源：Maruping L M，Agarwal R. Managing team interpersonal processes through technology：a task-technology fit perspective[J]. Journal of Applied Psychology，2004，89(6)：975-990. ）

（1）冲突管理

冲突是指个人之间不相和的任何看法。在团队内工作提供了个人之间可能发生冲突的背景。冲突尤其有可能在虚拟团队中出现，考虑团队的边界跨越性质，团队成员的多样性是固有的。已确定的两种主要冲突类型为任务冲突和关系冲突。与任务相关的冲突产生于小组任务的实质性内容。每当小组成员之间对正在执行任务的实质内容存在分歧时，就会发生冲突。相比之下，关系或社会情绪冲突是与正在执行的任务无关的群体成员之间的差异。在现有研究中没有得到过多关注的第三种冲突是过程冲突,它与在管理任务或分配资源上的分歧有关。

现有研究中的关系冲突和任务冲突都与不良绩效有关。同事之间的关系冲突可能导致由于人际关系紧张程度高而降低员工对团队体验的满意度。对关系冲突的看法导致成员满意度、对其他成员的喜好和留在团队中的意向显著下降。同样,团队成员之间的任务冲突会导致他们对团队体验不满,在任务相关问题上表现出高水平共识的团队成员比表现出高水平任务冲突的团队成员更愿意留在团队中。对任务冲突的感知水平越高,群体成员的满意度就越低。感知到高水平任务冲突与对其他团队成员留在群体中的意向呈负相关关系。总的来说,在处理与任务和关系相关的冲突时所产生的挫折感可能会对团队的生存能力产生负面影响。

与关系冲突总是会产生负面的结果不同,中等水平的任务冲突可以通过整合不同的想法和观点以及提供建设性的批评来提高群体的生产力。当关系冲突和过程冲突比例较低时,任务冲突对团队绩效(在团队承诺感、凝聚力和满意度方面)有积极的贡献。然而,尽管任务冲突在适度水平上是有益的,但仍需要解决以维持群体成员的福祉,因为它可能导致关系冲突。如果团队成员不能在任务问题上达成一致,他们会厌恶其他成员,并将这种与任务相关的冲突归因于人格问题。在关系冲突已经存在的情况下,任务冲突可能会退化为关系冲突。此外,高水平的任务冲突可能会干扰任务的完成。即使在存在任务冲突的情况下,最终也必须就决策达成团队共识,即团队需要通过与任务相关的冲突做出高质量的决策,同时在不影响决策质量的情况下达成共识。通过协作行为解决任务冲突对团队结果具有积极的作用,协作行为也反映了团队成员对任务目标的明确和共同关注。此外,协作行为涉及团队成员之间更高层次的任务焦点、参与和目标一致性。基于这些对冲突管理的描述,我们提出一些适合冲突管理过程的具体信息通信技术,进而促进协作行为。

① 信息通信技术与任务冲突

处于发展早期阶段的虚拟团队不太可能开发出有效管理任务冲突的规范,特别是在人际信任水平较低的情况下。相反,对任务相关问题的分歧很容易被解释为个人攻击,而虚拟沟通性质增加了出现这种误解的可能性。因此,那些正处于发展早期阶段的虚拟团队成员可能会将建设性的批评误解为贬低。提供具有高符号多样性的信息沟通技术能使个人减少对其评论的误解。此外,高反馈即时性使团队成员能够及时验证他们评论的预期含义是否已被理解。当沟通的目标是理解他人对信息的解释并最终实现趋同时,反馈就变得很重要。因此,对于目前处于开发早期阶段的虚拟团队而言,具有高符号多样性和高反馈即时性的信息通信技术是有效管理任务冲突的重要手段。

与新组建的虚拟团队相比,正在运行的团队往往具备管理任务冲突所必需的规范和信任。因此,在与任务冲突有关的通信中,对高符号多样性和高反馈即时性的需求变得不那么突出。例如,已经形成共享认知的虚拟团队表现出较低的任务冲突水平。此外,尽管传播媒介没有消除决策中的情感,但低丰富性降低了通过这种传播媒介所表达情感内容的吸引力。团队过程中的多个并行输入,为所有团队成员提供了一个"拥有发言权"的机会。同样,以书面文件或电子邮件形式存在的交流记忆也为互动发生后的离线思考和反思提供了机会。这些职能共同减少了沟通的情感内容,并将小组的注意力集中在协作的实质性方面。

② 信息通信技术与关系冲突

如前所述,人际关系或情感冲突涉及诸如厌恶、烦恼、挫折和愤怒等人际问题。与其他形式的冲突不同,在一个群体的生活中任何一点关系冲突都是有害的。因此,重要的是在团队生命周期中尽可能早地化解关系冲突。

在群体互动的早期阶段建立礼貌规范可以使团队成员更加熟悉对方。这种熟悉可促进更大的信息共享和改善冲突解决方案。在团队发展的早期阶段,面对面的交流和互动有助于在团队成员之间建立信任。由于信任和熟悉度建立在社会情感维度,视觉(如肢体语言、微笑、点头和眼神交流)和语言(如声音变化、音调)线索在小组成员之间的交流中起着核心作用。因此,用于通信的信息通信技术必须允许在互动的团队成员之间交流社会线索。

在团队发展的早期阶段,使用高媒体丰富度技术的团队比依赖更精简技术的团队更容易成功地执行关系管理任务。能够传输视觉和语音线索的技术(例如视频会议)最适合执行这种关系管理任务。此外,团队互动需要启用同步通信,而不是异步通信。电子邮件等通信媒体在对社会线索的处理方面相当不足,这往往会导致对沟通的误解,从而导致更大的关系冲突。当然,个人可以寻求任何线索来形成对交流伙伴的印象。例如,社会信息处理理论指出,在没有非语言线索的情况下,交流者自然会使他们的关系行为适应那些在借助信息通信技术的交流中仍然存在的线索。社会身份和去个性化理论认为,部分信息通信技术的交流缺乏非语言线索,迫使用户根据交流者的社会类别形成印象,而不是人际线索。为了适应部分信息通信技术的丰富性限制,通信者制定了减少不确定性的策略来更好地了解他们的伙伴。因此,能够在减少并行性的同时增加符号多样性和反馈即时性的技术更有可能促进关系冲突的管理,带来积极的结果。

随着时间的推移,虚拟团队成员开发共享的知识和共享的环境,基于沟通技术渠道扩展假设,对通信媒体丰富度的感知可以随着时间的推移而变化,并被渠道经验、沟通合作伙伴经验、主题经验和语境经验所塑造。信道扩展理论的基本前提是,如果随着时间的推移,通信者习惯了使用该媒体并开发出了一个相互理解的系统,那么低丰富度的通信媒体可以被视为丰富的(即具有较高的符号多样性)。如果关系冲突在团队发展的后期出现,并且团队成员在早期发展阶段已经建立了信任和沟通规范,那么虚拟团队成员可以在没有非语言线索的情况下成功管理冲突,即反馈即时性和符号多样性不再那么关键。

③ 信息通信技术与过程冲突

团队冲突的最终形式——过程冲突对于团队早期冲突的解决至关重要。管理早期过程冲突可使团队成员能够就团队生命周期中的工作规范达成一致。职责被分配给不同的小组成员,并设定任务的节奏和截止日期,这种活动使小组以后能够集中讨论小组任务的实质性内容。团队成员参与职责的分配和重要的团队任务以及截止日期的确定,确保每个成员都理解并致力于完成团队决策。因此,传播媒体必须使成员能够充分参与解决过程冲突的决策活动。与任务冲突的管理类似,过程冲突使成员能够通过建立开放和辩论规范,使用低符号多样性通信技术参与同步或制订异步通信产生的解决方案。

使用这些技术的时机也很重要,在群体互动的早期阶段,适度的过程冲突是有益的。成功的团队在小组任务的最后阶段同样存在中等水平的过程冲突,在这一完成阶段,小组成员需要决定哪些团队成员最有能力完成这一阶段的新任务。在该阶段使用高符号多样性技术并非必要的,因为交流的情感内容和非语言线索没有实际需要和用处。事实上,如果在通信中嵌入了情感线索,这些技术可能会降低处理过程冲突的效率。因此,低符号多样性的技术更适合用于管理过程冲突,这种通信技术所支持的参与水平可能会利于团队成员对虚拟团队的经验和对虚拟团队的承诺的评估,以使他们感到对最终决策拥有决定权。

最后,需要注意的是,在新成立的虚拟团队中,与过程冲突相关的辩论和分歧可能退化为关系冲突,这是因为关于资源分配的讨论可能演化为成员对团队贡献的争论。这些团队还没有制定出成功管理过程冲突所必需的公开、辩论和建设性批评的规范。因此,对于这些团队来说,使用提供高符号多样性和高即时反馈性的信息通信技术是很重要的,这能够有效减少对建设性过程相关评论的误解。这些新成立的团队很可能专注于与社会相关的沟通,因此可能会更好地通过高符号多样性的信息通信技术进行沟通。因此,新成立的具有高符号多样性和高反馈即时性的虚拟团队将更有效地管理过程冲突。对过程冲突的有效管理预计将在更高层次的团队成员满意度、凝聚力和团队承诺感中表现出来。

(2)情感管理

情感管理涉及对团队成员可能由于各种原因而产生的情绪的调节,包括压力、孤立和挫折。如果情绪困扰的来源是团队任务或人际关系,不受调节的负性情绪往往会导致团队成员对团队产生消极的态度。最终,由于成员满意度降低、群体凝聚力降低和团队承诺感降低,未解决的情绪困扰可能导致团队效能降低。此外,情绪紧张的团队成员工作效能降低,消极的情绪倾向削弱了完成任务所需的客观性和认知注意,也会导致与其他团队成员沟通的中断,从而降低团队活力的短期指标。过程冲突或任务冲突中的情绪化导致团队有效性较差。

团队成员情绪可以通过一些活动来调节,比如安抚个体的情绪、通过谈话提升团队成员士气或者关切个体的情绪问题等。近年来的研究开始关注团队的情绪智力,它反映了团队对其成员情绪状态的敏感性和调节这些情绪的能力。一些能够建立凝聚力、打破紧张、鼓舞士气或宣泄挫折的活动,如开玩笑、放松、抱怨等都可以有效地影响管理策略。成功的情感管理不仅保证了个体的持续有效性,而且积极地塑造了团队成员对团队的感知以及团队的整体情感。创造积极情感倾向的情感管理过程有助于增加群体凝聚力,也可以放大成员对团队的承诺感①。

如上所述,情绪管理的本质是调节团队成员的情绪。有两点策略可以有效管理情感:一是通过使用适当的信通技术,简单地防止冲突的产生;二是确保任何挫折情绪一出现就可以得到解决。在这里,首先,要关注沟通的即时性或同步性。长期得不到解决的挫折会迅速蔓延,最终导致缺勤或推卸责任等功能失调的行为。其次,进行社交或与工作无关的沟通有助于情绪的正向调节。例如,开玩笑或讲述个人轶事的社会交际有助于消除在实现目标的过程中不可避免地会出现的紧张和压力。最后,沟通中的自发性和多样性是必不可少的。因此,虚拟团队

① Maruping L M, Agarwal R. Managing team interpersonal processes through technology: a task-technology fit perspective[J]. Journal of Applied Psychology, 2004, 89(6): 975-990.

在情感管理过程中使用符号多样性、即时反馈性和并行性较高的信息通信技术（如视频会议）更有效。

2. 团队授权

团队授权被定义为由团队成员对他们或组织任务的集体积极评估而导致的任务动机增加。团队在四个方面施行授权：效能，即团队成员对团队有效性的集体信念；意义，即团队成员对他们任务的内在关心程度；自主权，即团队成员相信他们有做决定的自由；影响，即团队成员觉得自己的任务在多大程度上会产生显著的组织贡献。这四个方面结合在一起形成了一个团队授权的核心结构①。团队赋权代表一种集体效能感，即认为团队工作具有高水平的意义，或对利益相关者具有积极的影响。因此，即使一个团队可能几乎没有什么自主权，团队成员仍然可以感知团队赋权。团队成员是否觉得有权力取决于他们对工作和组织特征的评估，其一是团队领导允许他们做出决定的程度，其二是团队是否能够获得重要的资源。类似于产生于个人认知的个人授权，团队授权产生于集体认知，也就是说，它是社会构建的并代表成员对其任务和团队工作条件的评估。团队授权不应与沟通或冲突等团队过程相混淆，相比之下，团队授权反映的是团队在给定时间点的激励水平。

在缺乏检验虚拟团队授权的理论或实证工作的情况下，我们认为，由于虚拟团队任务的独特性质，团队授权可能对虚拟团队绩效影响更大。由于大多数虚拟团队都是基于知识的团队，可以解决问题或开发新产品，因此最重要的绩效结果之一是过程改进。过程改进类似于团队学习，定义为团队成员通过活动使得团队获得并处理能够适应和改进的数据，包括寻求反馈、讨论错误和实验。

当虚拟团队执行复杂的、基于知识的任务时，需要团队内、外部的集成，管理团队绩效，提升团队专业能力，影响组织级别的资源分配。被授权的团队能够实施这些行为，团队授权的各个维度都有助于改进虚拟团队的过程。例如，更高的团队自主性意味着允许团队承担更大的风险，团队成员无须等待许可或指导就

---

① Kirkman B L, Rosen B, Tesluk P E, et al. The impact of team empowerment on virtual team performance: the moderating role of face-to-face interaction[J]. Academy of Management Journal, 2004, 47(2): 175-192.

可以参与对过程改进和专业学习至关重要的活动。

虚拟团队成员自我效能感的提升可能会表现为主动改进工作过程、寻找创新性解决方案。这些活动都应与更高水平的虚拟团队过程改进相结合。同样，当授权的团队成员在工作中感受到工作意义时，他们更有可能表现出更高水平的工作持久性和动机。工作持久性和动机可能转化为更高水平的学习和过程改进。类似地，当被授权的团队成员感知到影响，或了解他们的工作如何影响他人时，他们更有可能调整他们的工作。从实践经验上看，授权与团队和个人层面的分析有关，团队授权将促进虚拟团队的过程管理。

5.2.2 全球虚拟团队的管理

全球虚拟团队是成员来自国际的，具有组织授权的，能够执行国际子团队中的决策和任务的团队。全球虚拟团队通常为完成具有重要战略意义且非常复杂的任务而成立。全球虚拟团队成员很少亲自见面，而是利用通信技术进行几乎所有的互动和决策。全球虚拟团队的特征有：由其组织和成员确定为团队；负责制定或执行对组织全球战略具有重要意义的决策；使用技术手段沟通的频率远远超过面对面交流；在不同国家工作和生活。全球虚拟团队可以描述为具有文化多样性和地理分散性，并且在执行任务时也是全球性的团队。全球战略整合了公司的资源、区域和客户界面，同时在必要时保持本地响应。来自世界各地的管理者必须建立紧密的网络，并进行密集的互动，以实现全球战略的潜力，而全球虚拟团队能够很好地服务于这些功能。随着全球虚拟团队的增加，管理面临的挑战也逐渐显现，一是搭便车行为，二是文化多样性，三是团队不确定性，这需要对全球虚拟团队进行有效的管理①。

1. 预防搭便车行为

搭便车行为是指分享团队奖励的成员对团队工作几乎没有贡献，在集体情境

① Maznevski M L，Chudoba K M. Bridging space over time：global virtual team dynamics and effectiveness[J]. Organization Science，2000，11(5)：473-492.

中表现为推卸责任、社会惰性等。推卸责任是指不管工作角色如何，都不履行工作义务。社会惰性指的是随着团队规模的增加减少努力的趋势。搭便车行为对团队动力和绩效产生负面影响，包括团队士气、团队承诺感、团队满意度、团队绩效等。它会导致不满和冲突，而这反过来又会损害团队合作和绩效的各个方面。导致搭便车行为的因素有缺乏动力、团队凝聚力低、工作和团队满意度低等。预防搭便车行为及不良影响的手段有以下几种。

① 避免陷入相互责备陷阱。即使面对确凿的证据，搭便车的团队成员在一开始往往会强调自己做出了相应的贡献。即使他们承认缺乏贡献，也倾向于责怪环境或其他团队成员，几乎从不承认自己的责任。在处理这个问题时，要防止陷入双方相互责备的陷阱，对抗或羞辱搭便车者很可能只会导致对抗升级。

② 建立制度限制搭便车行为。搭便车行为一般始于团队发展初期，因此在团队开展项目的第一天就制定良好的团队规范和建立信任至关重要。在团队发展初期通过团队指导、欢迎会、团队建设活动以及其他形式的培训很可能会减少后来的搭便车行为。同时在出现搭便车行为的征兆时，团队领导者应及时介入。

③ 提前干预搭便车行为。搭便车者往往为自己辩解，认为是不相关的原因造成他们的努力不足，其中大多数很容易被识别和预防。例如，近一半的搭便车者将团队成员之间缺乏协调或沟通不畅作为理由。一个适当的工作设计和管理系统，甚至是一些干预，例如团队成员之间的强制性定期在线直播会议，可以极大地改善团队的协调和沟通，从而减少搭便车行为。

④ 关注生命周期。搭便车者的自我解释因搭便车行为发生的时间不同而不同，这表明缓解搭便车行为的最优策略也会随着团队生命周期的变化而变化。搭便车行为发生在团队生命周期的早期阶段，似乎是由于缺乏协调和沟通。因此，需要采取更明确地界定团队成员的作用、改进排班安排、使用更多媒体丰富的沟通渠道等干预措施。相比之下，当搭便车行为在后期阶段发生时，更可能是由于人际冲突或个人情况，从而需要采取团队辅导和解决冲突等干预措施。

⑤ 改善文化差异问题。文化差异是造成搭便车行为的原因之一。文化价值观的差异、语言障碍和世界观的差异导致团队成员之间的吸引力降低，沟通变得更加困难和不愉快，阻碍了信任和互惠社会关系的建立。这会对团队协作产生不利影响，增加了产生冲突的概率，导致问题升级。提供跨文化培训、更加注重促

进团队成员之间的交流与互动可以改善该问题[①]。

2. 文化多样性管理

由于全球虚拟团队运营的复杂环境，团队成员的人才、技能和经验基础必定具备多样性特征。这为设计全球虚拟团队人员配备时的人力资源管理实践带来了挑战。团队需要团队成员具有显著的认知能力，而不仅仅是社交能力。因此，将以下认知多样性特征视作选拔全球虚拟团队成员的标准对全球虚拟团队功能的有效性尤为重要：①多重智商，如政治、网络、社会、情感、文化、创新、直觉和组织；②学习风格，如调节者、同化者、发散者和收敛者；③思维方式，如包容性、开放性、灵活性和全球视野；④全球虚拟团队工作经验，短期为1～3年，中期为4～6年，长期为6年以上；⑤职业自我效能感所反映的专业知识水平；⑥适应新环境的能力；⑦全球团队合作的喜好。这些认知多样性特征提供了一个多视角人力资源管理框架，以评估全球虚拟团队成员的多样性混合效果，如表5-1所示。

表5-1 全球虚拟团队文化多样性的维度

正式行政维度	非正式认知维度
年龄	多重智商
性别	学习风格
少数民族	思维方式
国籍	全球虚拟团队工作经验
教育和培训	职业自我效能感所反映的专业知识水平
沟通能力	适应新环境的能力
语言知识	全球团队合作的喜好

资料来源：Harvey M，Novicevic M M，Garrison G. Challenges to staffing global virtual teams[J]. Human Resource Management Review，2004，14(3)：275-294.

考虑全球虚拟团队与人员配备相关的独特问题，以及适当识别和解决全球虚拟团队成员多样性的重要性，人力资源经理必须意识到人员配备的关键环节。以下展示了实现人员成功配置和管理全球虚拟团队所需的手段和步骤。

① Taras V，Liu Y H，Tullar W，et al. Straight from the horse's mouth：justifications and prevention strategies provided by free riders on global virtual teams[J]. Journal of Management and Training for Industries，2018，5(3)：51-67.

（1）评估对全球虚拟团队的需求

在管理过程中，解决全球虚拟团队的独特维度的第一步是评估为什么要使用全球虚拟团队。使用全球虚拟团队的基本原理可能是反应性或主动性策略。例如，同样是焦点组织成立一个全球账户管理项目，组建全球账户管理团队用于在全球范围内统一管理关键账户。如果是外国的分销中介客户或渠道商要求焦点组织为其账户提供统一协调服务，那么使用全球虚拟团队属于反应性策略。如果是焦点组织认识到通过采用全球账户管理战略可以获得竞争优势，能够利用该战略与市场上的其他供应商区分开来，那么使用全球虚拟团队属于主动性策略。

（2）评估全球虚拟团队的任务工作

全球虚拟团队的任务可以分为三种类型。①协调一致的任务。这是一种综合性的任务，可以用以下几类任务来说明：制订营销计划，在国外子公司进行组织变革或选择国外供应商。这些任务要求全球虚拟团队所在的外部组织之间进行精心策划的互动，而团队要成功完成这些任务，速度、准确性和依赖性至关重要。②计算任务。这是更结构化的任务，需要利用既定的知识和技术才能成功完成。这些任务的模糊性较小，包含这些任务的活动集合中存在已知的起点和终点，而大多数计算任务是相当程序化的，需要团队成员付出大量努力。③创造性任务。创造性任务指那些没有现成的答案或过程来寻找解决方案，并且依赖于全球虚拟团队成员的创造性见解来寻找可接受解决方案的任务。

评估任务工作需考虑任务的难度，可分为三个维度。①任务结构的复杂性。任务结构的复杂性指潜在的替代解决方案、相对于任务的线索或信息源的数量、任务解决方案的线索和标准之间的关系，以及任务的步骤或阶段数。②任务内容的模糊性。任务内容的模糊性指未知或不可用的任务组织原则，成员先前完成任务的经验有限或没有经验，失败或部分失败的可能性大，以及如何对问题进行框定或组织信息来解决任务的线索不明确。③任务呈现的形式。只有短暂的时间跨度可供判断，判断线索取决于成员的知觉倾向。任务的总体复杂度越大，技能要求越熟练，并且用到多重智商，团队必须解决全球性任务的认知需求特质。

（3）评估全球虚拟团队的运行环境

从表面上看，研究全球虚拟团队的位置似乎是一个没有意义的问题，这是因为这个团队的本质是全球性的。但是，协调组织的战略也可能是全球性的，会因为针对的特定区域或市场（即转型经济体或新兴经济体）而有所不同。本国环境和全球虚拟团队运营的国家之间差异的增大会增加实现团队目标的困难。环境多样性越大，全球虚拟团队的付出就越多。因此，人力资源管理必须在对潜在成员进行评估时关注环境因素。同时，为了能够向全球客户提供丰富的服务，全球虚拟团队的专业知识必须适合团队目标及其所在组织的知识背景。

（4）评估全球虚拟团队的规模

全球虚拟团队的规模在很大程度上取决于团队在规定时间段内完成的具体目标。这些目标可能需要一个更大的团队来构建必要的技能基础，并有足够的团队成员来解决全球组织面临的复杂问题。全球虚拟团队的规模在一定程度上也将取决于团队成员的职能培训（即市场营销、生产、会计、财务等）任务的性质。全球虚拟团队成员的职能定位将决定团队的能力，以及需要多少位成员来满足团队的职能需求。

（5）开发全球虚拟团队的绩效评估指标

为全球虚拟团队开发绩效评估指标是一项难题，该指标用以确定团队目标是否完成，以及是否以一种既有效又高效的方式执行。除了衡量分配给全球虚拟团队的显性任务完成情况外，还有一些对全球虚拟团队的隐性期望也需要确定。这些软经营目标可以包括全球客户服务水平、满意度，以及是否愿意继续或扩大与焦点组织的全球合作关系等。每个全球虚拟团队以及团队之间都需要能够度量的指标。

（6）实施全球虚拟团队绩效评估的过程

除了建立确定全球虚拟团队绩效的衡量标准之外，还必须有一个相称的评价过程付诸实施，这超出了组织正常的绩效考核工作范围。全球虚拟团队需要一个基于团队本身性质的专门绩效评估过程。仅全球化这一点就会使评估过程变得更加困难，而更重要的是团队成员关系的虚拟性。这种群体亲密关系的缺乏可能会减少人际关系的连续性和作为一个团队进行评估的意愿。由于每个全球虚拟团队成员都意识到，他们的团队必须接受绩效评估，因此成熟团队中预期的潜在协同结果会相应减少。全球虚拟团队的全局维度和虚拟维度的结合使得性能评估过程更加困难，管理人员需要在绩效评估过程中解决这一问题①。

---

① Harvey M，Novicevic M M，Garrison G. Challenges to staffing global virtual teams[J]. Human Resource Management Review，2004，14(3)：275-294.

3. 团队不确定性管理

焦虑和不确定性是影响群体间交流有效性的核心因素，来自不同群体的人之间的互动通常有两个关键的问题：我的行为是否得体？我可以信任其他小组成员吗？不确定性是一种认知现象，它高度影响着人们对他人的思考方式，包括认知不确定性和行为不确定性。认知不确定性包括关于他人的知识，而行为不确定性是由人们相对确定对方将以预期方式行事的程度来定义的。

焦虑表达了一个人的不安，在情感上等同于不确定性。人们在任何交流时都会经历一定程度的焦虑。然而，当人们相互认识时，焦虑原则上会减少。焦虑的程度可以在互动过程中的任何时候增加或减少，这取决于关系中的事件以及人们如何解释它们。在跨文化互动中，管理焦虑和不确定性的能力是陌生人之间有效沟通的核心要素。一方面，如果焦虑程度和不确定性太高，个体就很难相互沟通。高水平的不确定性会降低一个人解释对方信息或准确预测对方行为的能力。因此，当焦虑程度高时，人们就会通过使用自己的参照框架和刻板印象来解释他人的行为，从而进行交流。另一方面，如果跨文化互动中的焦虑程度和不确定性太低，有效的沟通就会导致人们的过度自信。低水平的不确定性意味着个人不会质疑他们的解释（即忽略了文化差异）。因此，当焦虑程度过低时，成员交流的动机就会减少（即他们认为自己不需要新的知识）①。为了在跨文化环境中有效地进行沟通，人们需要对新的信息保持开放态度，并了解不同的观点，以此保证成员对他人的行为做出更准确的预测。

全球虚拟团队中基于技术媒介的互动使得建立信任变得困难。因此，全球虚拟团队成员需要能够快速适应未知情境以进行有效沟通。了解团队成员的其他观点并参与收集新信息的个人将更能够解释并准确预测他人的行为，从而有助于有效的交流。因此，针对全球虚拟团队的不确定性需要充分了解全球虚拟团队中认知调整过程的重要性，以及跨文化培训在管理焦虑和不确定性方面所发挥的作用。大多数常见的培训是针对特定国家的文化导向培训或专业知识培训。全球虚拟团队则需要进行文化意识培训，为全球虚拟团队成员与不同文化的交流做好准备。文化意识培训旨在改变团队成员对信息和替代视角的态度，它不把新信息看

---

① Brandl J, Neyer A-K. Applying cognitive adjustment theory to cross-cultural training for global virtual teams[J]. Human Resource Management, 2009, 48(3): 341-353.

作威胁而加以排斥，而是鼓励团队成员把新信息看作掌握未知情境的机会。另外，人力资源部还应当就在虚拟团队中工作时如何处理问题开展具体培训。

需要注意的是，这些建议可能不会在每个组织中都有效，各组织在执行这些建议的可用能力和资源方面将会有所不同，每个人力资源经理都应该确保它们符合其组织环境。此外，与只偶尔以电子通信技术为媒介进行沟通的公司相比，以全球虚拟团队为核心元素的公司可能需要更多的培训来支持认知调整过程。最后，考虑个人对培训的接受程度不同，管理者们在实施旨在支持认知调整过程的培训时，必须考虑其团队成员的跨文化能力。

第6章

虚拟团队的构建与应用启示

针对虚拟团队，我们在前面的章节中讨论了虚拟团队的相关定义与特征。进一步地，本章将在前文的基础上，结合团队管理的有关理论，详细分析虚拟团队在实践中的构建与应用过程，并总结虚拟团队的管理启示。

6.1 虚拟团队的特征与应用场景

6.1.1 了解虚拟团队的特征

虚拟团队是由分散在不同地点、时间和组织之间的成员组成的团队，具有时间地点分散、组织分散、传播方式依赖科技的特征。随着互联网和通信技术的不断发展，市场环境更加动荡，需求变得更加多样。此外，在全球化趋势下，企业的业务范围越来越广，往往需要在不同国家或地区设立分支机构或办公室。虚拟团队成员分布在不同的地点，可以是不同的城市、国家。他们可能居住在不同的时区，工作时间也可能不同，团队的各个成员可能并不来自同一个组织或者公司，成员之间不存在组织关系。

虚拟团队的兴起得益于数字技术的进步，使得人们不再受地理位置的限制，可以远程协作。以虚拟的沟通与协作为核心，虚拟团队可以跨越地域和时区，有效地协助跨地域的协作，提高团队工作效率和灵活性，并促进组织吸纳不同文化背景和技能的人才，选择全球范围内更具竞争力的成员，提高组织的全球竞争力。全球化、多样性的团队成员有助于创造创新性的解决方案和促进团队间的协作和理解。此外，虚拟团队不需要大规模的办公空间和设备投入，可以减少办公成本，成员可以在异地或家里办公，灵活安排工作时间，实现更好的工作与生活的平衡。这种弹性工作模式能够吸引更多的人才和提高员工的满意度，以及提升员工的敬业度与工作效率。

6.1.2 虚拟团队的应用范畴

虚拟团队能解决众多的跨边界协作难题，利用数字技术，虚拟团队将不同地理位置、组织的人才链接在一起，能够解决以往因为人才约束而无法解决的问题。虚拟团队的特征使得成员可以跨越地域和时间限制，更灵活地合作和实现共同目标。下面介绍适合使用虚拟团队的经典场景。

1. 全球化企业

全球化企业可能在不同国家或地区设有办事处或分支机构，虚拟团队可以帮助协调不同地点的团队成员的工作。比如，一家跨国公司的市场部门由来自不同国家的团队成员组成，他们可以通过视频会议和在线项目管理工具共同制定市场推广策略，并协调各地的执行工作。

2. 远程办公

越来越多的公司允许员工在家或其他地点工作，虚拟团队可以帮助远程员工与团队保持联系和合作。比如，科技公司的软件开发团队可以由全球各地的开发者组成，他们使用远程协作工具进行程序编码和代码审查。

3. 零工经济

在零工经济的热潮下，越来越多的自由职业者从事临时性、非全职工作，通过各种平台、应用程序或社交媒体等渠道获得工作机会。一些零工经济从业者会根据平台安排与服务内容，组成临时性的虚拟团队。他们可以根据自己的时间安排和能力来选择是否接受雇佣，并与需求方直接进行协商和交流，从而更好地平衡工作与生活的关系。比如，一些出版社会组织若干网络写手与编辑组成虚拟团队，通过线上的协作完成刊物的编撰和出版工作。这些网络写手会为出版社提供灵活、暂时性的工作，从而更好地利用自身的知识和技能来获取收入。

4. 跨部门合作

有时候，一个项目需要来自不同部门或团队的成员合作，而这些成员可能分布在不同的地点和组织。比如，一个市场营销项目需要产品开发团队和销售团队紧密合作，虚拟团队可以通过在线协作工具促进各个团队之间的沟通和协作。

6.2 构建虚拟团队

团队是为了特定目标而召集不同的人组成的一个个团体。这个召集的过程就是团队构建。有些公司会从内部召集人员，也有公司从外部聘用专门的人才进入项目团队。例如，海尔公司推行的“链群合约”新模式，让员工从小微内部集结，组成链群，快速响应用户的个性化需求。了解团队构建过程就是要了解团队构建的基本问题、团队构建方法。

6.2.1 构建虚拟团队的基本规则

在起步阶段，虚拟团队要确定团队的目标、联系方式、人员。团队在这三方面的基础上不断成长，因此建立团队的规则是十分重要的。由于虚拟团队成员沟通的路径主要依托于网络和通信，因此团队管理者对成员的监督和管理较弱。完整的规则可以促进员工的自我管理，确定虚拟团队的发展方向，保证团队的有效性。

虚拟团队的规则应当围绕团队最基本的三个因素制定，以确保团队成员之间的有效沟通和协作。首先，虚拟团队应当明确团队的使命，制订团队目标，并形成可遵守的规则。虚拟团队在起步阶段需要确保团队成员对团队的目标和使命有清晰的理解，明确团队所要达到的成果。进一步地，将总体的目标分解为小目标，并为每个小目标设定可衡量和可操作的指标，得到团队内的行为准则，定期评估目标的进展，配置完成目标所需的时间和资源，以便及时掌握任务进度。其次，需要确定的是人员的规则，包括明确每个团队成员的角色和职责，确保每个成员都清楚自己的任务和职责，规定每个成员的出勤要求和工作时间，确保团队成员在协作的工作时间段内都能够在线并及时完成工作。最后，也是最重要的一点，虚拟团队要建立一个相互信任和尊重的环境，鼓励团队成员之间的合作和支持，促进虚拟团队成员进行线上知识交流，促进团队的发展与人员的成长。

由于虚拟团队联系的过程依赖于电子通信技术，所以制定沟通的规则同样重要。团队成员需要确定团队的主要沟通渠道，如电子邮件、在线会议等，以确保沟通高效顺畅。由于团队成员可能身处不同的时区，所以虚拟团队的规则需约定团队成员的沟通时间，以便相互协调和解决问题，并鼓励团队成员共享相关信息和资源，以促进知识共享和合作。

所有的团队成员应参与制定这些团队规则，清晰理解并且能够接受团队规则。另外，团队应定期评估并更新这些规则，以满足团队发展和变化的需要。

6.2.2 确定虚拟团队的行动计划

在制定了虚拟团队的规则模型之后，需要深入细节，针对虚拟团队的任务分配团队责权。由于虚拟团队成员分布广泛，缺乏面对面的交流和协作，因此需要行动计划来指导行动过程中的细节，以确保团队成员能够有序地开展工作，确定虚拟团队早期行动方向的正确性。

行动计划可以帮助团队成员明确工作目标，以及明确每个成员的任务和职责，并确定实现这些目标的步骤和时间表。通过明确目标并制订详细的计划，可以确保团队成员在不同时间区域内进行有效的协作，同时避免误解和冲突。另外，虚拟团队成员通常使用不同的沟通工具和平台，行动计划可以规定团队成员使用的标准沟通方式和频率，以及协作工具和平台的选择。这样可以确保团队成员能够有效地进行沟通和协作，避免重复工作和任务遗漏，提高团队的整体协作效率。从领导者的角度来说，行动计划可以帮助团队领导者监督并评估团队成员的工作进展。通过设定里程碑和检查点，并制订相应的指标和评估方法，可以及时发现问题和提供支持，以确保项目按计划进行。

虚拟团队计划需要明确团队目标，用以指导日常工作。灵活的目标应当是动态的、细化的，而非简单的口号。虚拟团队应当使用网络通信技术，通过线上会议等媒介完成从愿景到日常任务的解构，进而完成明确的团队工作流程设计。最后，虚拟团队要共同协商并明确重要任务清单，并明晰每一个子任务与团队使命的联系。

明确了行动的目标与重要任务的清单后，需要确定每个团队成员的责任和角色。确保每个人都清楚自己的任务和责任，并进行明确沟通。由于虚拟团队的沟通受到电子技术的影响，所以可能存在权责分配不明确的情况。一些决策和任务涵盖的成员可能无法同时办公。因此，虚拟团队需要考虑项目需求和团队成员的能力，制定一个合理的工作分配策略。考虑每个人的优势和限制，根据任务的性质和复杂程度，将责任和权限明确地分配给每个团队成员。确保每个人都清楚自己的责任和工作范围，并确保他们有能力完成任务。同时，需要了解各个成员需要的支持资源，保证各个成员可以在网络渠道获得所需的工具、数据和信息，组织可以提供必要的培训和指导，为每个团队成员设定明确的目标，并制定一个衡量绩效的方式，确保每个人都知道如何评估自己的工作。

此外，虚拟团队还需要为每个任务和活动设定截止日期，确保团队成员都了解任务的优先级和时间要求，便于定期监控团队的进展，并进行评估和反馈。在虚拟团队中，确定各个成员间的沟通方式和频率也非常重要。在行动计划阶段，成员需要确认使用何种沟通工具对齐进度，如在线会议、电子邮件等。

6.2.3 确定虚拟团队的领导权与团队层级

虚拟团队需要主干人员为团队任务进度以及成果负责。由于虚拟团队成员之间存在空间和时间的距离，因此每个特定任务都需要清晰的责任匹配，以实现团队的协同工作和目标。在虚拟团队中，领导者的角色可以由团队成员自愿承担，也可以通过投票或共识方式确定。领导者应该具备良好的沟通技巧、解决问题的能力和团队协作的能力，并鼓励团队成员发展和合作，提供培训和支持，创造一个积极的团队环境，让每个成员都能够充分发挥自己的潜力。

根据团队的规模和任务的复杂程度可以建立不同层级的团队结构。虚拟团队的层级结构可以帮助确定各个成员的角色和职责，提高沟通和协作效率，同时为团队成员提供明确的指导和支持。这些层级可以是平行的关系，也可以是上下级的关系，需根据不同的项目和任务来确定。层级结构可以根据具体的项目和团队的需求进行调整和定制。例如，在大型虚拟团队中，可以增加更多的层级，如将团队领导分为高级领导和中级领导等级。对于多个专业团队的项目来说，还可以在专业团队负责人下面再增加团队成员，以确保各专业团队之间的协作和沟通。

6.3 虚拟团队过程管理

在动态且复杂的虚拟团队管理中，需要将规则和行动计划结合起来，结合过程管理的思想形成更加完整的一套工具性规范。虚拟团队过程管理提供了有效的管理方法和工具，以协调并管理地理分散的团队成员。通过促进协作和沟通、提高任务分配和监督的效率，以及增加团队协同工作的灵活性，虚拟团队过程管理可以帮助团队取得更好的工作成果①。一般认为团队过程包括转化过程、行动过程和人际过程。在转化过程中，团队成员会反思以前的表现，并计划未来的工作，包括任务分析、目标规范和制定战略。之后，在行动过程中，成员将专注于任务成就，监控进度和系统，以及协调、监控和支持他们的队友。最后，人际过程包括冲突管理、动机信心建立和影响管理，所有这些在情景阶段都是显著的②。

6.3.1 转化过程

在虚拟团队中，目标的确定尤为重要。由于虚拟团队成员无法直接互相接触，因此，虚拟团队成员在转化过程中需要清楚了解团队的目标和期望，以便共同努力，并明确各自的任务和责任。此外，在虚拟团队中，成员可能分布在不同的地区和时区，因此，需要灵活地安排任务和协调工作。在分配任务时，要考虑成员的技能和可用性，确保任务分配合理。

---

① Tuckman B W. Developmental sequence in small groups[J]. Psychological Bulletin, 1965, 63(6): 384-399.

② Mathieu J E, Hollenbeck J R, van Knippenberg D, et al. A century of work teams in the journal of applied psychology[J]. Journal Applied Psychology, 2017, 102(3): 452-467.

6.3.2 行动过程

行动过程是团队实际执行和完成任务的关键过程。在这个过程中，成员需使用适当的沟通工具和技术，确保信息准确传递，并及时解决问题和回应反馈。此外，工作的质量也是需要控制的。在行动过程中，需要对成员的工作进行质量控制和审查，确保任务按时完成且符合要求，这可以通过定期的检查和审查以及与团队成员的讨论来实现。

6.3.3 人际过程

虚拟团队成员在地理上是分散的，在人际过程中需要结合虚拟交流过程，使团队成员保持良好的沟通与协作，并及时解决问题。在虚拟团队中建立信任和团队凝聚力是至关重要的。成员应互相支持、理解和尊重，并建立相互依赖的关系。组织可以通过组建小组活动、定期组织团队社交活动等来促进团队凝聚力。在虚拟团队中，由于缺乏面对面的交流和直接的沟通方式，冲突可能更容易发生。团队成员应学会有效地解决冲突，包括通过沟通和合作来寻求共同解决方案，并保持积极的合作关系。

6.4 虚拟团队的角色设置

团队角色是指一个人在团队中某一职位上应该有的行为模式。在成功的团队中应当有九种角色，有些团队成员会扮演两种以上的角色。

剑桥产业培训研究部前主任梅雷迪恩·贝尔宾（Meredith R. Belbin）博士和

他的同事们经过多年在澳洲和英国的研究与实践，提出了著名的贝尔宾团队角色理论，即一支结构合理的团队应该由八种角色组成，后来修订为九种角色。贝尔宾团队角色理论是，高效的团队工作有赖于默契协作。团队成员必须清楚其他人所扮演的角色，了解如何相互弥补不足，发挥优势。成功的团队协作可以提高生产力，鼓舞士气，激励创新。这九种团队角色分别为智多星、外交家、审议员、协调者、鞭策者、凝聚者、执行者、完成者和专业师。

根据对贝尔宾团队角色理论的研究及对实践经验的总结，我们认为要组建一支成功的、高绩效的团队，作为组织领导者应该首先要注意以下问题①。

① 角色齐。唯有角色齐全，才能实现功能齐全。正如贝尔宾博士所说的那样："用我的理论不能断言某个群体一定会成功，但可以预测某个群体一定会失败。"因此，一个成功的团队首先应该是实干家、信息者、协调者、监督者、推动者、凝聚者、创新者和完美主义者这八种角色的综合平衡。

② 容人短处，用人所长。知人善任是每一个管理者都应具备的基本素质。管理者在组建团队时，应该充分认识到各个角色的基本特征，容人短处，用人所长。在实践中，真正成功的管理者，对下属人员的秉性特征的了解都是很透彻的，而且只有在此基础上组建的团队，才能真正实现气质结构上的优化，成为高绩效的团队。

③ 尊重差异，实现互补。对于一份给定的工作，完全合乎标准的理想人选几乎不存在——没有一个人能满足我们所有的要求。但是一个由个人组成的团队却可以做到完美无缺——它并非单个人的简单罗列组合，而是在团队角色上，亦即团队的气质结构上实现了互补。也正是这种在系统上的异质性、多样性，才使整个团队生机勃勃、充满活力。

④ 增强弹性，主动补位。一般意义上而言，要组建一支成功的团队，必须在团队成员中形成集体决策、相互负责、民主管理、自我督导的氛围，这是团队区别于传统组织及一般群体的关键所在。除此之外，从团队角色理论的角度出发，还应特别注重培养团队成员的主动补位意识——当一个团队在上述八种团队角色出现欠缺时，其成员应在条件许可的情况下，增强弹性，主动实现团队角色的转换，使团队的气质结构从整体上趋于合理，以便更好地达到团队共同的绩效

① 王聪颖. 团队建设与管理［M］. 南京：南京大学出版社，2019.

目标。事实上，多数人在个性、禀赋上存在着双重性，甚至多重性，使得这种团队角色的转换成为可能。

虚拟团队成员多分布于分散的地区，并依赖数字技术进行沟通与协作。虚拟团队依赖各种技术工具来进行沟通和协作，例如在线会议、云存储等。因此，虚拟团队成员需要熟练掌握这些工具，以便有效地与其他成员进行沟通和协作。此外，在虚拟团队中，成员通常需要更强的自主性和自律性来管理自己的工作任务和进度。因为没有实时监督，每个成员都需要有良好的自我管理能力，以确保按时完成工作。另外，由于成员地理位置的分散，他们可能来自不同国家和拥有不同文化背景。

6.5 虚拟团队构成

团队构成是组织影响团队效率的一个潜在的、强大的杠杆点，对于团队设计十分重要，因为特定变量的配置可以预测组织上预期的结果。了解团队构成与团队和组织有效性之间的关系，可以为人力资源的成功管理提供信息。例如，团队可以配备一些成员以使团队朝着增加团队实现其目标的可能性的配置移动①。

团队构成的研究侧重于团队成员的属性，以及这些属性的组合对过程、涌现状态和最终结果的影响。团队构成研究有丰富的历史，可以追溯到半个多世纪前。现有文献表明，团队过程和有效性受到团队构成的影响，如成员的技能、工作和组织经验，以及群体作为一个整体的异质性。然而在实践中，人事团队看起来很复杂。从业人员可能会遇到几种人员配备情况（例如为现有团队选择一个新成员，组成一个新团队），以及许多团队成员属性（例如亲和性、一般心理能力、认知风格）、团队配置（例如同质性与多样性）和结果（例如共享心理模型、创新）的选择。近年来的团队构成研究一直试图弥补科学与实践之间的差距。

---

① Mathieu J E, Tannenbaum S I, Donsbach J S, et al. A review and integration of team composition models: moving toward a dynamic and temporal framework[J]. Journal of Management, 2013, 40(1): 130-160.

团队构成范畴包含与团队人员构成相关的变量，比如团队成员的能力和人格、分配的角色、多元化、团队规模等。有管理学家将这些团队构成要素划分为五类，分别是目标、人员、团队定位、职权和计划，简称“五个 P”①。

1. 目标（purpose）

每个团队都应该有一个既定的目标，这可以为团队成员们导航，使其知道向何处去。没有目标的团队是没有存在意义的，聚焦在虚拟团队上，团队更应该关注目标的明确性和可衡量性。虚拟团队成员可能在不同的地理位置工作，因此需要确保每个成员对于团队目标的理解一致，并且能够量化和衡量团队的进展。例如，一个虚拟团队的目标可能是在特定时间内开发一个新的软件产品，那么团队需要确保每个成员对于产品的功能和截止日期有清晰的认识，并且能够明确衡量团队的进展和成果。团队的目标必须跟组织目标相一致，可以把大目标分成小目标下放到团队成员身上，让大家合力实现共同目标。

2. 人员（people）

个人是构成团队的细胞，也是团队构成中最核心的力量。一般来说，三个人以上就能构成团队。团队目标是通过其成员来实现的，因此，人员的选择是虚拟团队建设与管理中非常重要的部分②。虚拟团队应当关注成员能力和技能的匹配，确保每个成员都具备完成团队任务所需的相关能力和技能。例如，在一个虚拟团队中需要有人出主意、有人制订计划、有人实施、有人协调大家完成工作，还有人监督团队工作的进展、评价团队最终成果和贡献，虚拟团队还需要确保成员具备数字素养，保证团队成果能够通过数字技术平台落地和交流。

3. 团队定位（place）

团队定位包含两层意思：一是团队整体的定位，包括团队在组织中处于什么

---

① Mehta A，Feild H，Armenakis A，et al. Team goal orientation and team performance：the mediating role of team planning[J]. Journal of Management，2009，35(4)：1026-1046.

② Hirschfeld R R，Jordan M H，Feild H S，et al. Becoming team players：team members' mastery of teamwork knowledge as a predictor of team task proficiency and observed teamwork effectiveness[J]. Journal of Applied Psychology，2006，91(2)：467-474.

位置，由谁选择和决定团队的成员，团队最终应该对谁负责，团队采取什么方式激励成员等；二是团队个体的定位，包括各个成员在团队中扮演什么角色，是指导成员制订计划，还是具体实施某项工作任务等[①]，具体表现在虚拟团队中主要是角色的分配。不同虚拟团队的目标和需求不同，因此在挑选成员时也应注意角色分配问题。针对不同的人才分配不同的角色，确保每个团队成员的角色和职责明确，避免角色重叠或责任模糊。此外，由于虚拟团队缺乏面对面的接触，所以团队成员的沟通能力尤为重要。每个成员都应当积极参与团队沟通，主动分享信息和意见。

4. 职权（power）

团队当中领导人的权力大小与团队的发展阶段相关，一般来说，越成熟的团队领导者所拥有的权力越小，在团队发展的初期阶段领导权相对比较集中。团队的职权取决于两个方面：一是整个团队在组织中拥有什么样的决定权，例如财务决定权、人事决定权、信息决定权；二是组织的基本特征，如组织的规模有多大、组织对团队的授权有多大、业务是什么类型等。由于虚拟团队成员通常具有不同的专业背景和技能，因此团队需要明确分配给每个成员的角色和责任，确保每个成员的工作职责和权力边界清晰明确。例如，一个虚拟团队中可能有项目经理、技术专家、市场营销人员等不同角色的成员，他们需要清楚自己的职权和责任范围，以便有效协调和推动项目进展。

5. 计划（plan）

从虚拟团队的角度看，计划包括两层含义：一是由于目标的最终实现需要一系列具体的行动方案，包括线上沟通、数字化协作等，因此，可以把计划理解成实现目标的具体工作程序；二是按计划进行可以保证团队工作的顺利，只有在计划的规范下，团队才会一步步地接近目标，从而最终实现目标。虚拟团队需要将整个项目拆解成可管理的任务，并进行合理的时间安排和管理，以确保项目按时交付。例如，要完成一个市场调研报告，虚拟团队可以将报告的不同部分分配给不同的成员，根据他们的个人特长制订明确的截止日期和里程碑，以确保工作按计划进行。

---

① 蒋巍巍．高效率团队的五个构成要素[J]．人才资源开发，2016(5)：71-72.

6.6 虚拟团队有效性的评价

团队有效性是团队研究的核心问题，所有有关团队的研究的根本目的都是在组织中建构完善的团队管理机制，提高团队的有效性①。多年来，研究者们致力于探讨团队有效性的主要影响因素并构建团队有效性模型。在企业中，打造有效团队是企业成功不可或缺的重要因素。

虚拟团队的有效性主要表现在虚拟团队的绩效上，从管理学的角度看，绩效是组织期望的结果，是组织为实现其目标而展现在不同层面上的有效输出，包括个人绩效和组织绩效两个方面。具体来看，绩效又可以分为任务绩效和关系绩效，任务绩效是指任务的完成情况，与关系绩效的角色外行为相对应，任务绩效属于角色内行为。对任务绩效的描述存在差异，主要因为受到经验、能力以及工作有关的知识等因素的影响，有必要以定量方式衡量员工产出。团队任务绩效受多方面因素影响，在已有研究中，我们根据团队有效性模型将其划分为团队结构因素（如团队规模和成员特质等）、团队过程因素（如团队学习和涌现状态等）和团队背景因素（如团队领导）②。

6.6.1 虚拟团队结构因素

团队规模会影响团队合作的程度，也会直接影响团队成员所产生想法的数量和质量。过大的团队可能导致沟通障碍和协调困难，而过小的团队可能导致资源不足。成员特质也会影响绩效，包括成员的技能和经验水平，以及团队成员之间的互补性和协作能力。有学者认为最佳的团队规模（跨团队和设置）是 4～6 名

---

① 蒋跃进，梁樑. 团队绩效管理研究述评[J]. 经济管理，2004(13)：46-49.

② 赵修文，刘雪梅. 隐性知识、关系绩效和任务绩效三者关系研究：基于个人与团队视角[M]. 成都：西南财经大学出版社，2016.

成员①。对于虚拟团队来说，由于沟通和协作虚拟化的特点，规模过大的虚拟团队可能导致团队沟通困难、协调难度加大，反之，规模过小的虚拟团队其成员可能缺乏足够的专业知识和技能来完成任务。

团队组成是团队成员属性的配置，将对团队过程和结果产生强大的影响。为了团队成功，团队成员必须参与许多团队过程，增加相互依赖的行为，通过认知、言语和行为活动将输入转化为输出，以实现集体目标。虚拟团队的成员特质也是任务绩效重要的影响要素，包括每个成员的技能、经验、文化背景、语言能力等，虚拟团队需要灵活配置成员要素，考虑个人的特质与任务的匹配，提升虚拟团队的有效性。

6.6.2 虚拟团队过程因素

团队学习对于提高绩效至关重要。通过知识共享、经验交流和反思，团队成员可以不断改进工作方法并提高工作效率。虚拟团队成员需要通过网络进行学习与交流，团队学习和知识分享能力将直接影响团队的任务绩效②。涌现状态是指团队成员在任务执行过程中的心理状态，例如团队成员的参与度、自我效能感和团队凝聚力等，这些因素也将影响任务绩效。因此，虚拟团队最需要关注的是良好的沟通与协作。成员之间需要及时、准确地共享信息和意见。在团队的涌现过程中，成员需要具备合作的意识和能力，形成合作的学习网络。

6.6.3 虚拟团队背景因素

团队领导是影响虚拟团队绩效的重要因素。领导者应具备有效的沟通技巧、指导能力和决策能力，能够有效地协调团队成员的工作和解决团队内部冲突。领

---

① DeRue D S, Hollenbeck J R, Johnson M D, et al. How different team downsizing approaches influence team-level adaptation and performance[J]. Academy of Management Journal, 2008, 51(1): 182-196.

② Zellmer-bruhn M E, Gibson C B. Multinational organization context: implications for team learning and performance[J]. Academy of Management Journal, 2006, 49(3): 501-518.

导者还应能够建立积极的团队文化和氛围，以促进团队成员的合作和互信[①]。

团队领导可以通过建立团队合作的文化并鼓励成员相互支持来促进合作。在虚拟团队中，问题和挑战是不可避免的。团队成员需要具备解决问题和做出决策的能力，并及时采取行动。团队领导应提供必要的支持和指导，以确保问题得到妥善解决和决策制定合理。

6.7 虚拟团队构建的实践建议

1. 尊重团队成员差异

有人认为，集中了所有顶尖人才的团队一定是最优秀的，然而事实却并非如此。顶尖人才都汇聚在一个团队，很有可能造成意见相左时各不相让的局面。虚拟团队通常侧重于分工合作，每个成员专注于特定的任务。而不同于实体团队中的相互协作，虚拟团队更注重个人在自己领域的优势。再者，虚拟团队更加注重灵活性和适应性，因此每个成员不需要在所有方面都是优秀的。尽管虚拟团队不需要每个成员都是优秀的，但仍然需要团队成员之间的相互配合和沟通，以确保团队的整体能力和绩效。因此，虚拟团队中的每个成员仍然需要具备基本的沟通能力、团队合作意识和责任心。

2. 领导者与团队成员平等合作

构建团队就是为了完成个人无法完成的项目目标，一个人能力上的不足可以通过团队中其他成员的能力补足。因此，即使作为团队的领导者，也不是“完人”，不能将自己摆在高于团队成员的层面上。虚拟团队成员之间缺乏面对面的交流，无法直接观察到领导的行为和态度。如果领导高高在上，缺乏亲和力和沟

---

① Hu J, Judge T A. Leader-team complementarity: exploring the interactive effects of leader personality traits and team power distance values on team processes and performance[J]. Journal of Applied Psychology, 2017, 102(6): 935-955.

通能力，那么无法建立良好的团队合作氛围。此外，在虚拟团队中，建立信任和合作至关重要。如果领导高高在上，缺乏与团队成员的互信和共同工作的愿望，那么将会导致团队士气低下，影响整体工作质量。虚拟团队领导应该以平等和合作的姿态出现，与团队成员进行平等沟通和协作，建立良好的工作关系和团队合作氛围。

3. 允许不一样的声音

构建团队的一个重要意义就是能够汇集团队成员的各种意见，通过有效的沟通机制，在充分讨论后得出结论。这也是团队内要有不一样声音的原因，如果大家都持一致意见，这当然能够让工作更加顺利，但是却很有可能导致不良的后果。由于虚拟团队成员依靠通信网络技术沟通，协作的过程可能会出现交流等方面的困难。当成员们无法就某件事达成一致时，应当尊重每位团队成员的意见，促进虚拟团队内良好工作氛围的形成。

此外，虚拟团队成员持有的不同意见可以提供多样化的视角。这对于虚拟团队来说尤为重要，这是因为虚拟团队成员通常来自不同地区、文化背景和专业领域。不同的视角可以帮助团队更好地理解并适应不同的市场、文化和满足用户需求。

4. 重视多样性

多样性是指成员的背景各异。虚拟团队一般来自不同的地理位置和文化背景，通过合作能促进跨国、跨文化的交流。不同背景、文化、经验和观点的团队成员能够带来多元的思维方式和解决问题的途径。他们可以从不同的角度思考问题，提供创新的解决方案，从而增加团队的创造力和创新性。领导者在招募虚拟团队成员时需要考虑背景多样性，如果能实现这一点，每位团队成员的能力才可能最大限度地被激发。只有将成员的不同见解和能力综合起来，虚拟团队的附加价值才能提高。

第 7 章

虚拟团队价值提升与发展展望

虚拟团队构建后，需要思考如何提升团队的价值，有效利用团队成员的知识、技能和资源，通过相互协作实现组织的目标。结合虚拟团队的不同发展阶段，虚拟团队成员需要考虑不同的侧重因素，针对团队发展中影响绩效的关键因素发展团队，提高团队生产力、创新能力和灵活性，同时减少成本，为组织带来更大的竞争优势和商业价值。

7.1 虚拟团队的发展阶段

根据团队发展理论，团队是一个动态的适应性系统，在团队的不同发展阶段中，影响团队绩效的关键因素并不相同。而团队发展阶段大致可以分为形成期、发展期、成熟期三个阶段。在团队形成期，团队成员之间了解甚少，信任度较低，表现出较高的不确定性；在团队发展期，团队通过之前的共同工作实现了更高质量的协作，成员之间仍存在摩擦，团队规则较不完善，存在动荡的问题；而到了成熟期，团队内秩序规范，合作程度高，但是仍需要提升效率，专注于目标问题的解决[①]。虚拟团队的成员分散在不同地理位置，通过网络和通信技术进行合作，因此，虚拟团队需要考虑团队发展阶段中影响团队绩效管理的关键点，这可以帮助团队成员明确团队目标、建立有效的沟通和协作机制，并在团队成长过程中解决问题和提高团队绩效。

7.1.1 虚拟团队的形成期

形成期是团队组建的阶段，也是团队的启蒙阶段。形成期需要识别团队的人际边界以及任务边界。团队成员在这一阶段建立起关系，包括团队成员之间以及成员和领导者之间的关系，并确定团队的各项标准。同时，彼此间和对项目的不熟悉，使得成员会对领导者具有很强的依赖性。可以说，定向、测试和依赖构成了形成期的群体过程。这一阶段中，团队成员行为具有相当大的独立性，主要表现在对团队目标的不明确和工作标准的模糊性。尽管成员有可能被团队推动，但大多数成员在这一时期缺乏团队目的和团队活动的相关信息。部分团队成员还有

---

① 梁永奕，邓佳音，严鸣，等. 团队虚拟性的“双刃剑”效应——基于团队发展的视角[J]. 心理科学进展，2023，31(9)：1583-1594.

可能表现出不稳定、忧虑的特征[①]。

由于虚拟团队成员往往是分散工作的，且成员之间无法面对面接触，数字平台上的沟通与交流很可能会造成理解偏差与误会，不利于团队成员之间建立信任并适应团队。因此，虚拟团队在形成期应当主要关注团队成员之间的互动以及信任的建立，包括确定团队的目标、使命和职责分工，确保每个成员都清楚自己的责任和任务，理解并认同团队的目标和期望，以避免团队目标出现偏差。

虚拟团队的成员通常分布在不同的地理位置，为达成高效沟通与协作，团队还需要建立起有效的沟通和协作机制，包括选择适合的协作工具和沟通渠道，以确保信息的流动和团队成员之间的交流。在虚拟团队中，成员之间的交流和协作通常比面对面团队更困难。因此，在形成期要特别重视建立团队成员之间的信任和凝聚力。可以通过定期的在线会议、团队建设活动等，增加成员之间的相互了解和信任。同样，为确认团队目标、构建团队信任，需在形成期建立起团队文化，包括共享价值观、信任和尊重的氛围，以增加团队的凝聚力和协作能力。

在形成期的激励与管理层面，需要注意激活团队成员工作的积极性。在形成期，团队成员可能还不太了解彼此，缺乏归属感和团队意识，团队成员之间可能存在不熟悉和互不信任的情况。领导者应该促进团队成员之间的合作和互信，打破隔阂和壁垒，建立良好的工作关系，鼓励团队成员参与、合作和做出贡献。在资源方面，确保团队成员在工作中有足够的数字资源与工具支持，解决他们可能遇到的问题和困难；同时，给予成员必要的培训和支持，帮助他们适应虚拟工作环境，及时表彰和奖励团队成员的优秀表现和贡献，鼓励他们在虚拟团队中展示自己的专业能力和才华。

另外，形成期的虚拟团队可能会面临各种变化和挑战，如团队成员的变动、任务的变更等。领导者在虚拟团队的形成期起着至关重要的作用。领导者需要展示良好的领导能力和沟通技巧，激励和引导团队成员，协调团队工作，带领团队灵活适应变化，快速调整团队的战略和目标，以维持在动荡的环境中虚拟团队的稳定性。

---

① Tuckman B W. Developmental sequence in small groups[J]. Psychological Bulletin, 1965, 63(6): 384-399.

7.1.2 虚拟团队的发展期

在团队的发展期，会形成各种观念，从而形成激烈竞争、碰撞的局面，导致团队震荡。团队成员面对其他成员的观点、见解时，更想要展现个人的性格特征。对于团队目标、期望、个人角色以及责任的不满和挫折感表露出来。伴随着任务领域中的情感反应，这些行为作为对群体影响和任务要求的抵抗，被称为“动荡”或者“激荡”。这一时期，团队成员会因为感觉到期望和现实之间的巨大差距，对现实产生不满，导致员工的情绪耗竭和满意度降低，有些成员因此难以坚持，导致人员流失的可能性增加。

在发展期，虚拟团队成员的信任建立，并形成初步的合作规范。此时虚拟团队主要通过成熟的数字技术进行信息的传递和交流，如何通过这种形式避免团队内部冲突，并发挥信息交流高效、可追溯的优势，是该阶段需要解决的问题。成员之间的信任往往是通过工作表现来建立的。因此，团队管理者应鼓励成员积极参与团队活动，并及时给予认可和奖励。此外还可以促进成员之间的相互了解，通过团队建设活动和社交活动来增加团队的凝聚力和信任感[①]。

在虚拟团队中，成员之间的距离和工作方式的差异容易导致冲突和协作问题。因此，团队需要制定清晰的规则和明确角色分工，明确每个成员的职责和工作要求，以确保团队协作的顺利进行。团队可以建立起有效的协作机制和流程，鼓励团队成员之间的合作和互助，以达到团队共同的目标。

由于团队成员仍在互相磨合，动荡和误解在所难免。首先，虚拟团队领导者需要识别并理解团队存在的问题，包括团队内存在的摩擦点、规则不完善以及团队动荡的原因。通过与团队成员交流和观察团队互动，领导者可以更好地了解问题的本质。其次，领导者需要保持团队透明度，分享必要的信息和决策，以及提供反馈和指导。通过促进开放和透明的沟通，可以减少团队成员之间的误解和不

① Tuckman B W，Jensen M. Stages of small-group development revisited[J]. Group & Organization Management，1977，2(4)，419-427.

满，从而减少摩擦。

当团队成员之间存在冲突或摩擦时，领导者应该及时采取行动解决问题，包括鼓励双方进行积极的对话和寻求共识，帮助他们理解对方的观点和利益，并寻找冲突的解决方法。领导者可以采取中立的立场，促进积极的合作和解决方案的达成。及时处理团队内部的冲突和问题，以避免对团队合作和工作效率的负面影响。

在这一阶段，倾听成员的声音变得更加重要。领导者要及时对成员的意见进行分析和反馈，保持沟通的顺畅，鼓励团队成员分享他们的问题、想法和建议，这可以使团队成员感到被重视，也可以解决团队中可能存在的冲突和问题。同时，应及时表扬积极合作、互相支持的虚拟团队成员，激励团队成员团结协作并朝着共同的目标努力。对个人和团队的成就进行奖励，让团队成员感到在工作中被重视和认可，激发他们的积极性和工作动力。

7.1.3 虚拟团队的成熟期

在团队的成熟期，团队动荡的情况被克服，这是由于团队建立的规则、价值观、行为、方法和工具，使得项目走向规范阶段。团队的内在感觉和凝聚力上升，目标更加明晰，团队成员开始适应新的角色和标准，在任务环境中表现出对成员的亲密感，团队的发展更加流畅、自然。人际结构成为执行任务活动的工具，团队合作默契，团队形成战略意识和共同愿景。团队角色更为灵活和功能化，团队成员拥有更多的灵活性和自主权，也不需要过多的外部监督，团队成员对任务的工作职责有清晰的了解，可以自己作出决策[①]。

在团队成熟期，虚拟团队已经具备一套内部沟通交流的范式，并能以目标为导向关注任务完成情况。此时，为满足多变的市场需求，团队的灵活性、团队成员对技能与业务配合的理解能力成为团队绩效的核心影响因素。

---

① 梁永奕，邓佳音，严鸣，等. 团队虚拟性的“双刃剑”效应——基于团队发展的视角[J]. 心理科学进展，2023，31(9)：1583-1594.

在这个阶段，需要鼓励团队成员自主成长，充分发挥人才效能，鼓励团队成员相互之间分享信息、意见和想法，尊重多样的观点，避免隐瞒信息和不良的沟通习惯，建立一种相互信任和支持的团队文化。由于在项目执行的过程中，团队成员已经积累了众多工作经验，所以团队中存在大量隐性知识。为进一步提升团队价值创造能力，虚拟团队可以建立一个共享知识和经验的机制，提供学习资源和分享平台，鼓励团队成员之间相互支持和学习，让团队中的每个成员都能从其他成员的经验中受益，以便成员能够更好地完成自己的工作。

虚拟团队在成熟阶段的主要任务是完成团队任务、为组织创造价值。因此，团队成员的提升与发展是这一阶段需要关注的问题。由于虚拟团队成员往往来自不同的地理区域与组织，因此传统的培训手段无法满足团队发展需求。领导者可以通过数字手段收集团队成员的发展需求，例如，他们在所从事领域的知识和技能水平，以及他们未来发展的目标和意愿。进一步地，根据需求分析的结果，制订虚拟培训计划，明确培训目标和培训内容。领导者可以组织线上培训、研讨会或实践培训课程等不同形式的虚拟培训活动，并定期通过考试、项目评估、个人报告等方式来评估团队成员的学习成果和能力提升情况。

此外，领导者还可以在虚拟团队中建立学习社区，鼓励团队成员之间互相学习和分享经验，也可以通过团队内部网站、在线论坛、定期分享会等方式来促进成员之间的交流和学习。同时，领导者需要对团队成员的培训和发展进行持续跟进和支持，帮助他们解决学习中遇到的问题，鼓励他们保持学习的动力和积极性。

及时应对并适应外部环境的变化，包括技术的发展和组织的改变，以保持团队的竞争力和灵活性。随着市场和竞争环境的变化和时间的推移，虚拟团队所面临的市场需求、任务和项目需求也会随之改变。成熟的虚拟团队应该有能力及时捕捉到这些变化，并做出相应的调整和转型，以保持自己的竞争优势。成熟的团队应该能够适应新的需求，并做出相应的调整和转型，以满足新的挑战。此外，在虚拟团队运作过程中，可能会出现新的技术和工具，这些新技术和工具有助于提升团队的工作效率和协作能力。为了保持竞争力和高效率，成熟的虚拟团队应该有意识地采纳并应用这些新技术和工具。领导者应该定期评估团队的绩效和进展，制订相应的计划和目标，以持续改善团队的协作和工作效率。

7.1.4 虚拟团队的修整期

团队完成任务自然就会被解散，因此修整期也被称为项目解散阶段。解散是任何团队不可避免的，可能是整个团队的结束，也可能是一部分人离开团队。所以，有些学者将此阶段描述为“哀痛期”，反映了团队成员的一种失落感。团队成员动机水平下降，关于团队未来的不确定性开始回升①。

在这一阶段，有效的沟通仍然对团队价值提升起到重要的作用。团队成员在修整期需要总结经验教训，因此，虚拟团队可以在任务完成后组织一次线上会议，邀请所有团队成员参加，表达对团队成员的感谢和认可，告诉他们，他们的辛勤工作和贡献是不可或缺的，并且对于项目的成功起到了重要作用。

在修整期，虚拟团队成员可以回顾整个项目的过程，总结成果和经验教训，并提供机会给团队成员分享他们的观点，让他们提供有建设性的意见和建议，以便团队成员在未来的项目中改进和发展。团队成员还可以及时交流项目完成经验，通过分享他们在项目中的经验教训，成员可以进一步积累工作经验，提升工作熟练度。此外，团队领导者需要在这一阶段总结员工的工作表现，包括任务完成情况、工作效率以及沟通合作能力等，领导者还应该鼓励团队成员分享他们在项目中遇到的难题和解决方案，以便大家可以共同成长。

项目解散后，保持和团队成员的联系将有助于以后的合作和交流。通过社交媒体、电子邮件或定期会面等方式，保持团队的联系，并建立一个强大的关系网络，这将使得团队成员感到被重视，并且利于未来的项目和团队合作。

此外，修整期也需要注意团队成员激励问题。为保证团队成员未来的工作动力，需要为团队成员提供在修整期能够参加培训、学习新技能或参与其他项目的机会。这对他们的个人发展有益，也能保持他们的工作激情。同时，给团队成员一定的时间弹性，让他们能够在修整期灵活安排工作和个人生活，这可以提高团

① Tuckman B W, Jensen M. Stages of small-group development revisited[J]. Group & Organization Management, 1977, 2(4), 419-427.

队成员的工作满意度和幸福感。

7.2 提升虚拟团队弹性

在当今不稳定、不确定、复杂的商业环境中，工作团队将不可避免地面临逆境。逆境包括长期累积的压力源（如角色超负荷、集体疲劳、社交懈怠）、突然的冲击（如团队装备或技术故障、队友之间的激烈争论）和由于失去或增加团队成员而导致的团队动态中断。逆境使得团队产生性能上的挫折，最终导致高效率团队的失败①。

团队的发展本身就是一个复杂变化、动态的过程，各种不确定的因素或者外部动荡都会影响或者改变团队发展的轨迹和路径。工作弹性、团队弹性是指团队从逆境引起的过程损失中恢复过来的能力，反弹意味着成员们通过“适应”或“坚持”回到逆境前的工作轨迹。

具体到虚拟团队中，工作团队弹性与人际关系过程正相关。人际关系过程包括社会支持和冲突管理。因此，当虚拟团队成员相互鼓励、提供情感支持，或者相互尊重、开放、协作时团队拥有更高的弹性。在过渡阶段，通过资源投资使得逆境最小化，这个过程包括主动为逆境做准备、警惕地发现逆境、努力理解逆境的活动情况并制定一个策略来反弹②。

从实践角度讲，虚拟团队要重视团队内部的社会支持和冲突管理，鼓励团队成员之间合作共赢，强调团队目标的重要性，建立团队内的信任机制并通过制定共同的工作标准和规范，激励团队成员团结协作、互相支持，让团队成员感受到组织在各方面的支持以及重视。另外，虚拟团队应该设立适当的冲突解决机制，

---

① Stoverink A C, Kirkman B L, Mistry S, et al. Bouncing back together: toward a theoretical model of work team resilience[J]. Academy of Management Review, 2018, 45(2): 395-422.

② Adam C. Stoverink University of Arkansas North Carolina State University Sal Mistry University of Delaware Benson Rosen University of North Carolina at chapel acknowledgments: we[J]. Academy of Management Review, 2019, 30(4):77-107.

鼓励团队成员积极参与解决冲突并寻求共识。通过定期召开线下团队会议或线上讨论，促进团队成员之间的交流和互动。定期给予团队成员正反馈，并寻找机会征求他们对团队进展和改进的意见，以增强团队内部的社会支持和冲突管理能力。

此外，团队心理安全、团队效能、团队即兴发挥能力也与团队弹性息息相关，团队领导者要重视团队文化和团队成员意见，建立清晰的沟通渠道和准则，确保团队成员可以自由表达自己的观点、想法。鼓励团队成员积极参与和共享信息，并提供有针对性的意见和建议。同时，领导者对于团队成员的意见需要提供积极的反馈，充分认可他们的贡献和努力，营造一种开放、包容和支持的团队文化。

虚拟团队在远程办公的环境下，团队成员往往面临着孤独感、沟通障碍、工作压力等心理健康问题。针对团队成员心理健康问题，虚拟团队要积极提供线上的心理支持，并及时帮助团队成员维持工作和生活的平衡，避免团队成员过度焦虑和疲劳；通过组织线上的心理健康咨询，及时了解团队成员心理健康状态，鼓励团队成员积极参与身心健康活动，鼓励团队成员分享工作和生活的感受，倾听他们的困惑和需求，并及时提供帮助和解决方案；合理分配工作任务，避免给团队成员过多的工作压力；建立适当的反馈机制，及时解决团队成员的工作问题和困难。另外，心理安全感的提高会提升团队成员工作适应能力，增强团队成员之间的联系和合作能力，提高团队的弹性，这将提高团队成员的参与度和责任心以及团队的绩效和效率。

7.3　提升虚拟团队创造力

团队创造力的概念是由个体创造力衍生而来的，指一个团队产生新奇有益的想法、产品、过程或服务的能力。起初，有学者认为，个体创造力与团队创造力并无差别。随着团队理论在企业组织中的广泛运用，学者们才意识到团队创造力并非个体创造力的简单加总，具有创造力的个体在团队互动中产生的团队创造力因某些因素而表现出巨大差异，因而团队创造力应该是在团队中显现出的一种整体特性[①]。一般认为，影响团队创造力的因素主要有团队多样性、团队创造性效能等[②]。

7.3.1 提升团队多样性

一般认为，团队多样性水平越高，团队创造力表现越好。团队创造力需要通过开放的互动来建立、结合和批判性地改进每个成员的想法。团队创造力可以通过挑战多数观点来进一步激发，迫使成员重新思考旧的认知，从而更有创造性地解决问题[③]。

在虚拟团队中，可以从提升团队成员多样性、视角多样性、认知多样性这三个方面来提升团队多样性，进而提升团队创造力。因此，在虚拟团队组建的过程中，需注重招聘具有不同背景、经验和观点的人才。同时，采用多样化的招聘渠道，吸引各种类型的人才加入团队。在跨文化多样性层面，可以组织跨文化交流和合作项目，让团队成员有机会与不同背景的人合作，这将帮助团队成员了解其他文化、思维方式和工作方式，进而打开工作思路，提升创造力。

在视角多样性方面，虚拟团队需要鼓励团队成员在团队沟通中分享多样的观点和想法。在分配项目任务时，尽量将不同领域或不同技能背景的成员分配到同一个团队，这样可以利用每个人的特长和经验，提升团队视角多样性。通过分享个人经历和观点、积极合作以及尊重不同的意见，实现工作视角和工作模式的共享，这有益于提升团队解决方案的多样性。

此外，认知多样性会促进团队创造力，例如，信息处理、结合他人的想法、尝试他人的观点等可为团队提供广泛的想法、观点、知识和价值观。这要求虚拟团队领导者应该倾听团队成员的声音，确保每个人都得到充分的表达机会；形成

① 沙开庆，杨忠．国外团队创造力研究综述[J]．经济管理，2015，37(7)：191-199.

② 张燕，怀明云，章振，等．组织内创造力影响因素的研究综述[J]．管理学报，2011，8(2)：226-232.

③ Pearsall M J, Ellis A P J, Evans J M. Unlocking the effects of gender faultlines on team creativity: is activation the key? [J]. Journal of Applied Psychology, 2008, 93(1): 225-234.

团队成员之间相互信任和尊重的氛围；在团队的工作过程中，鼓励成员采用不同的思考方式和解决问题的方法；组织讨论会或培训活动，使团队成员分享不同的思维模式和解决方案，以促进认知多样性。

7.3.2 提升团队创造性效能

团队创造性效能定义为团队成员对团队产生创意的能力的共同信念。团队创造性效能对团队创造力至关重要，这是因为它不仅与团队成员的动机密切相关，而且与团队创造力相关的过程密切相关。团队创造性效能通过增强团队成员的动机，助力团队创造力提升。[①]。基于此，虚拟团队需要具备创造性的团队文化，了解团队成员的兴趣和激情，并给予他们充分的支持和自由，以激发他们的创造力和热情，鼓励团队成员进行尝试和实验，不怕失败，从失败中学习并不断改进。此外，对于具有创造力的团队成员，需要为他们的创造性成果设立认可机制和奖励，鼓励他们继续努力和创新，并给予团队成员足够的自主权和决策权，鼓励他们独立思考和探索新的创意和解决方案。

7.4 促进虚拟团队的高效协作与信任

虚拟团队不需要团队成员在固定岗位上，而是使用数字技术作为沟通的桥梁，因此虚拟团队的沟通有效性是非常值得注意的。从关系维度出发，虚拟团队可以通过共享个人背景、爱好和兴趣来建立成员之间的关系，促进团队成员之间的互动和了解。在线聊天或视频会议时，除了讨论工作，也可以留出时间聊天关心彼此的个人生活。在虚拟团队中，倾听和尊重是建立信任的重要因素。团队成

① Gong Y P, Kim T-Y, Lee D-R, et al. A multilevel model of team goal orientation, information exchange, and creativity[J]. Academy of Management Journal, 2013, 56(3): 827-851.

员应该遵循相互尊重的原则，倾听其他成员的意见和观点，这要确保每个人都有机会参与讨论和决策。另外，团队成员应该有耐心地与其他成员合作，并逐渐建立信任。通过持续且良好的沟通和合作，信任也会逐渐增加。

在任务维度方面，虚拟团队需要确保整个团队对共同的目标有清晰的理解且认同。通过共享目标，团队成员可以更好地协同合作，相互帮助和支持。除此之外，设定固定的会议时间，以确保团队成员之间的互动和交流以及更好地了解彼此的角色和责任，加强团队协作。最重要的是，团队领导者需要给予团队成员积极的反馈和认可，强调他们的贡献和成就。通过及时的反馈，激励并支持团队成员的工作。

7.5 提升虚拟团队领导力

提起团队中的领导者，最常讨论的就是领导力。传统上人们认为，领导力就是指具有一定的影响力，能够一呼百应，带领一个团队向目标前进，领导者的工作就是要使全体成员全力投入，并且加以指导和协调。大多数领导力的定义反映了一个假设，它包含这样一个过程，即一个人对其他人施加有意识的影响，从而指导、组织和促进群体或者组织的活动和关系。

在虚拟团队中，领导者不仅与整个团队互动，而且会对每个成员产生影响，因此需要同时考虑领导者与团队和领导者与跟随者的互动。因此，领导者需要通过清晰、及时、有效的沟通来传递重要信息，指导和支持团队成员。他们应该善于使用各种沟通工具，例如视频会议、电子邮件，以确保信息流畅并准确地传达给团队成员。

此外，领导者应该鼓励团队成员参与和合作，并激励他们为共同目标做出贡献。他们应该能够识别并赞赏团队成员的工作，给予适当的认可和奖励，以鼓励团队积极表现，并鼓励团队成员共享共同的愿景和目标。领导者可以表明自己的价值观和期望，并与团队成员保持一致，以建立团队的共同愿景和目标。

为了提升团队价值，领导者需要有效地分配任务和责任，确保每个团队成员都清楚自己的任务和责任，并协调各个团队成员的工作，确保合作的顺利进行。在虚拟团队工作的过程中，沉淀的数据、积累的决策信息也需要领导者及时收集并有效管理，以便做出明智的决策。领导者需要具备分析和整合团队成员的信息、数据以及根据这些进行决策的能力，也应具备相应的数字素养，并在需要时做出准确和明智的决策。

在虚拟团队成员的沟通交流中，领导者可以起到协调并促进交流的作用。通过鼓励团队成员分享知识和经验，领导者可以与团队成员共同创造学习和创新的团队文化。此外，领导者可以建立并维护知识库，并为团队成员提供培训和发展的机会，以提高团队的绩效和能力。在团队成员存在摩擦时，领导者需要及时解决冲突，并促进团队成员之间的积极互动和合作。同时，领导者应该鼓励团队成员提出问题并寻找解决方案，以及采取必要措施解决团队中出现的问题。

7.6 虚拟团队的激励与管理

在虚拟团队工作的条件下，产出能否达到团队目标最终要看虚拟团队及其成员所能获取的薪酬与责任收益是否密切挂钩。在虚拟团队中，要激发团队的工作积极性，最好的办法就是实行“分享制”，这样才能从根本上解决团队的激励机制问题。根据团队成员的工作表现和贡献，可以给予相应的奖励和福利，例如奖金、假期、灵活的工作安排等，以激励团队成员积极投入工作。

此外，虚拟团队需要采取一定的措施，为团队成员设定明确的目标和挑战，定期跟踪并评估其进展。这能够激励团队成员持续努力，追求卓越。虚拟会议、实时聊天工具等可以促进团队内部的合作和交流，让团队成员感受到团队的团结，从而激发他们的工作热情。鼓励团队成员积极参与培训并把握学习和发展机会，以提高他们的技能和增加他们的知识。虚拟团队可以提供在线培训资源、网络研讨会等，帮助团队成员不断学习和成长，并及时向团队成员提供反馈，肯定他们的工作表现和成就。可以通过实时通信工具等方式进行反馈，或者通过电子邮件、留言板等形式对团队成员给予认可和表扬。与团队成员保持密切联系，了解他们的需求、兴趣和目标，给予个性化的激励和支持。例如，允许团队成员参与自己感兴趣的项目或为其提供灵活的工作安排。

7.7 虚拟团队发展展望

7.7.1 更模糊的边界

随着数字技术的发展以及环境的不确定性，市场的需求会更加多变。由于虚拟团队不需要成员在固定的工作时间与工作地点工作，虚拟团队的成员组成、协作的范围都将变得灵活。因此，虚拟团队在VUCA（不稳定、不确定、复杂、模糊）时代为企业创造敏捷性绩效十分重要，总的来说，未来的虚拟团队会变得更加迎合市场需求，由需求牵引并快速配置，达到柔性团队的效果。因此，虚拟团队的边界会变得更加模糊，使得自由职业者和远程工作的人数不断增加。越来越多的人选择自由职业或远程工作，并通过虚拟团队的方式参与各种项目和任务。这种趋势将改变传统的工作模式和组织结构，促进团队灵活性和提高效率。人们可以从全球范围内招募最适合的人才，组建多样化的虚拟团队，实现全球化的合作。这种全球化合作将带来更多的机会和创新，以及更广泛的资源和知识共享。

此外，边界模糊还将促进跨领域的合作。不同领域的专家可以通过虚拟团队的方式集结在一起，共同解决复杂的问题和挑战。这种跨领域的合作将带来新的思维和观点，推动创新和发展。

7.7.2 更先进的技术

随着数字技术的发展和进步，在工作过程中，虚拟团队可能会应用更先进的技术，如虚拟现实（VR）、增强现实（AR）、人工智能（AI）和区块链等。在沟通和交流方面，虚拟团队成员会使用虚拟现实技术，实现沉浸式的工作。虚拟现实技术可以创造出沉浸式的远程协作环境，让团队成员感觉彼此存在于同一个实地工作空间中，进一步增强团队的联系和协作效果。这在一定程度上解决了团队成员线上沟通交流不畅的问题。虚拟现实技术可以传递团队成员的肢体语言、微表情等，会提升团队成员沟通的质量，减少因信息传递有误造成的摩擦。此外，先进的沟通工具和技术能够提供更便捷、即时的沟通方式，有利于虚拟团队成员之间的交流与合作。例如：使用语音识别技术可以将语音信息转化为文字，便于跨语言团队成员之间的沟通；虚拟助手和聊天机器人可以提供实时的帮助和指导。而利用增强现实技术，团队成员可以更直观地进行演示与协作，从而激发更多的创意。

在协作方面，人工智能技术与区块链技术可以提升虚拟团队价值创造的效率。例如：使用人工智能技术可以自动化实现一些重复性或繁琐的任务，节省团队成员的时间和精力；使用区块链技术可以确保数据的安全性和一致性，减少信息传递的误差和延迟。

在决策方面，先进的技术为虚拟团队带来数据驱动的智能决策信息，可以提升团队的决策质量。例如，利用数据分析和挖掘技术，虚拟团队可以更好地洞察市场和用户需求，在产品开发和营销方面做出更明智的决策，进而提升团队的价值。

参考文献

[1] 陈驰茵,唐宁玉. 团队过程研究十年回顾:2008至2017[J]. 中国人力资源开发,2017(12):47-59.

[2] 段锦云,王娟娟,朱月龙. 组织氛围研究:概念测量、理论基础及评价展望[J]. 心理科学进展,2014,22(12):1964-1974.

[3] 付小颖. 虚拟团队沟通分析及效能提升策略[J]. 科技创新导报,2008(27):162-163.

[4] 顾琴轩,张冰钦. 虚拟团队变革型和交易型领导对团队创造力的影响机理:共享领导视角[J]. 中国人力资源开发,2017(11):6-16.

[5] 何瑛. 虚拟团队管理:理论基础、运行机制与实证研究[M]. 北京:经济管理出版社,2003.

[6] 黄昕. 虚拟团队信任的构建策略[J]. 视听,2017(2):188-189.

[7] 蒋巍巍. 高效率团队的五个构成要素[J]. 人才资源开发,2016(5):71-72.

[8] 蒋跃进,梁樑. 团队绩效管理研究述评[J]. 经济管理,2004(13):46-49.

[9] 梁永奕,邓佳音,严鸣,等. 团队虚拟性的“双刃剑”效应——基于团队发展的视角[J]. 心理科学进展,2023,31(9):1583-1594.

[10] 廖冰,纪晓丽,吴芳瑞. 虚拟团队的沟通分析[J]. 企业经济,2004(2):41-42.

[11] 刘冰,谢凤涛,孟庆春. 团队氛围对团队绩效影响机制的实证分析[J]. 中国软科学,2011(11):133-140.

[12] 沙开庆,杨忠. 国外团队创造力研究综述[J]. 经济管理,2015,37(7):191-199.

[13] 罗宾斯,贾奇. 组织行为学[M]. 孙键敏,朱曦济,李原,译. 18版. 北京:中国人民大学出版社,2021.

[14] 宋源. 虚拟团队信任影响因素实证研究[J]. 技术经济与管理研究,2010(5):81-85.

[15] 王青. 团队管理[M]. 2版. 北京:企业管理出版社,2007.

[16] 谭晓燕,李莉. 基于互动的虚拟团队沟通研究综述[J]. 科技与管理,2011,13(2):36-39.

[17] 万可,李守军. 虚拟团队的沟通分析模型[J]. 预测,2002,21(6):28-31.

[18] 哈佛商学院出版公司. 团队管理[M]. 王春颖,译. 北京:商务印书馆,2009.

[19] 王聪颖. 团队建设与管理[M]. 南京:南京大学出版社,2019.

[20] 吴维库,富萍萍,刘军. 基于价值观的领导[M]. 北京:经济科学出版社,2002.

[21] 肖伟,赵嵩正. 虚拟团队沟通行为分析与媒体选择策略[J]. 科研管理,2005,26(6):56-60.

[22] 肖伟. 虚拟团队管理[M]. 成都:电子科技大学出版社,2007.

[23] 肖伟. 虚拟团队的信任机制及其建构策略研究[J]. 华东经济管理,2006,20(3):94-97.

[24] 姚裕群,孔冬. 团队管理[M]. 长沙:湖南师范大学出版社,2007.

[25] 张国才. 团队建设与领导[M]. 厦门:厦门大学出版社,2005.

[26] 张燕,怀明云,章振,等. 组织内创造力影响因素的研究综述[J]. 管理学报,2011,8(2):226-232.

[27] 赵修文,刘雪梅. 隐性知识、关系绩效和任务绩效三者关系研究:基于个人与团队视角[M]. 成都:西南财经大学出版社,2016.

[28] Adam C. Stoverink University of Arkansas North Carolina State University Sal Mistry University of Delaware Benson Rosen University of North Carolina at chapel acknowledgments: we [J]. Academy of Management Review, 2019, 30(4): 77-107.

[29] Mehta A, Feild H, Armenakis A, et al. Team goal orientation and team performance: the mediating role of team planning [J]. Journal of Management, 2009, 35(4): 1026-1046.

[30] Balthazard P A, Waldman D A, Warren J E. Predictors of the emergence of transformational leadership in virtual decision teams [J]. The Leadership Quarterly, 2009, 20(5): 651-663.

[31] Brandl J, Neyer A-K. Applying cognitive adjustment theory to cross-cultural training for global virtual teams [J]. Human Resource Management, 2009, 48(3): 341-353.

[32] Breuer C, Hüffmeier J, Hertel G. Does trust matter more in virtual teams? A meta-analysis of trust and team effectiveness considering virtuality and documentation as moderators [J]. Journal of Applied Psychology, 2016, 101(8): 1151-1177.

[33] Breuer C, Hüffmeier J, Hibben F, et al. Trust in teams: a taxonomy of perceived trustworthiness factors and risk-taking behaviors in face-to-face and virtual teams[J]. Human Relations, 2019, 73(4): 1-32.

[34] Charlier S D, Stewart G L, Greco L M, et al. Emergent leadership in virtual teams: a multilevel investigation of individual communication and team dispersion antecedents[J]. The Leadership Quarterly, 2016, 27(5): 745-764.

[35] DeRue D S, Hollenbeck J R, Johnson M D, et al. How different team downsizing approaches influence team-level adaptation and performance [J]. Academy of Management Journal, 2008, 51(1): 182-196.

[36] Dixon K R, Panteli N. From virtual teams to virtuality in teams[J]. Human Relations, 2010, 63(8): 1177-1197.

[37] Dulebohn J H, Hoch J E. Virtual teams in organizations[J]. Human Resource Management Review, 2017, 27(4): 569-574.

[38] Gong Y P, Kim T-Y, Lee D-R, et al. A multilevel model of team goal orientation, information exchange, and creativity [J]. Academy of Management Journal, 2013, 56(3): 827-851.

[39] Hambley L A, O'Neill T A, Kline T J B. Virtual team leadership: the effects of leadership style and communication medium on team interaction styles and outcomes[J]. Organizational Behavior and Human Decision Processes, 2007, 103(1): 1-20.

[40] Harvey M, Novicevic M M, Garrison G. Challenges to staffing global virtual teams[J]. Human Resource Management Review, 2004, 14(3): 275-294.

[41] Hertel G, Geister S, Konradt U. Managing virtual teams: a review of current empirical research[J]. Human Resource Management Review, 2005, 15(1): 69-95.

[42] Hirschfeld R R, Jordan M H, Feild H S, et al. Becoming team players:

team members' mastery of teamwork knowledge as a predictor of team task proficiency and observed teamwork effectiveness[J]. Journal of Applied Psychology, 2006, 91(2): 467-474.

[43] Hoch J E, Kozlowski S W J. Leading virtual teams: hierarchical leadership, structural supports, and shared team leadership[J]. The Journal of Applied Psychology, 2014, 99(3): 390-403.

[44] Hoch J E, Dulebohn J H. Team personality composition, emergent leadership and shared leadership in virtual teams: a theoretical framework [J]. Human Resource Management Review, 2017, 27(4): 678-693.

[45] Hu J, Judge T A. Leader-team complementarity: exploring the interactive effects of leader personality traits and team power distance values on team processes and performance[J]. Journal of Applied Psychology, 2017, 102 (6): 935-955.

[46] Huo Xiaoyan, Zhang Lianying, Guo Haiyan. Antecedents of relationship conflict in cross-functional project teams[J]. Project Management Journal, 2016, 47(5): 52-69.

[47] Hyatt D E, Ruddy T M. An examination of the relationship between work group characteristics and performance: once more into the breech[J]. Personnel Psychology, 2010, 50(3): 553-585.

[48] Kirkman B L, Mathieu J E. The dimensions and antecedents of team virtuality[J]. Journal of Management, 2005, 31(5), 700-718.

[49] Kirkman B L, Rosen B, Tesluk P E, et al. The impact of team empowerment on virtual team performance: the moderating role of face-to-face interaction[J]. Academy of Management Journal, 2004, 47(2): 175-192.

[50] Kramer W S, Shuffler M L, Feitosa J. The world is not flat: examining the interactive multidimensionality of culture and virtuality in teams[J]. Human Resource Management Review, 2017, 27(4): 604-620.

[51] Larson L, DeChurch L A. Leading teams in the digital age: four perspectives on technology and what they mean for leading teams[J]. The Leadership Quarterly, 2020, 31(1): 101377.

[52] Marlow S L, Lacerenza C N, Salas E. Communication in virtual teams: a

conceptual framework and research agenda [J]. Human Resource Management Review, 2017, 27(4): 575-589.

[53] Martins L L, Gilson L L, Maynard M T. Virtual teams: what do we know and where do we go from here? [J]. Journal of Management, 2004, 30(6): 805-835.

[54] Maruping L M, Agarwal R. Managing team interpersonal processes through technology: a task-technology fit perspective [J]. Journal of Applied Psychology, 2004, 89(6): 975-990.

[55] Mathieu J E, Hollenbeck J R, van Knippenberg D, et al. A century of work teams in the journal of applied psychology [J]. Journal Applied Psychology, 2017, 102(3): 452-467.

[56] Mathieu J E, Tannenbaum S I, Donsbach J S, et al. A review and integration of team composition models: moving toward a dynamic and temporal framework[J]. Journal of Management, 2013, 40(1): 130-160.

[57] Maznevski M L, Chudoba K M. Bridging space over time: global virtual team dynamics and effectiveness[J]. Organization Science, 2000, 11(5): 473-492.

[58] Mesmer-Magnus J R, DeChurch L A, Jimenez-Rodriguez M, et al. A meta-analytic investigation of virtuality and information sharing in teams [J]. Organizational Behavior and Human Decision Processes, 2011, 115(2): 214-225.

[59] Morgeson F P, DeRue D S, Karam E P. Leadership in teams: a functional approach to understanding leadership structures and processes[J]. Journal of Management, 2010, 36(1): 5-39.

[60] Kramer W S, Shuffler M L, Feitosa J. The world is not flat: examining the interactive multidimensionality of culture and virtuality in teams[J]. Human Resource Management Review, 2017, 27(4): 604-620.

[61] Ollilainen M, Calasanti T. Metaphors at work: maintaining the salience of gender in self-managing teams[J]. Gender & Society, 2007, 21(1): 5-27.

[62] Pearsall M J, Ellis A P J, Evans J M. Unlocking the effects of gender faultlines on team creativity: is activation the key? [J]. Journal of Applied Psychology, 2008, 93(1): 225-234.

[63] Peelle H E. Appreciative inquiry and creative problem solving in cross-functional teams[J]. The Journal of Applied Behavioral Science, 2006, 42(4): 447-467.

[64] Perry S J, Lorinkova N M, Hunter E M, et al. When does virtuality really "Work"? Examining the role of work-family and virtuality in social loafing[J]. Journal of Management, 2016, 42(2): 449-479.

[65] Teresa P. Self-managed work teams: an enabling or coercive nature[J]. The International Journal of Human Resource Management, 2010, 21(3): 337-354.

[66] Purvanova R K, Bono J E. Transformational leadership in context: face-to-face and virtual teams[J]. The Leadership Quarterly, 2009, 20(3): 343-357.

[67] Rapp T, Maynard T, Domingo M, et al. Team emergent states: what has emerged in the literature over 20 years[J]. Small Group Research, 2021, 52(1): 68-102.

[68] Rico R, Hinsz V B, Davison R B, et al. Structural influences upon coordination and performance in multiteam systems[J]. Human Resource Management Review, 2018, 28(4): 332-346.

[69] Rosen B, Furst S, Blackburn R. Training for virtual teams: an investigation of current practices and future needs[J]. Human Resource Management, 2006, 45(2): 229-247.

[70] Schmidtke J M, Cummings A. The effects of virtualness on teamwork behavioral components: the role of shared mental models[J]. Human Resource Management Review, 2017, 27(4): 660-677.

[71] Serban A, Yammarino F J, Dionne S D, et al. Leadership emergence in face-to-face and virtual teams: a multi-level model with agent-based simulations, quasi-experimental and experimental tests[J]. The Leadership Quarterly, 2015, 26(3): 402-418.

[72] Stogdill R M. Handbook of leadership: a survey of theory and research[J]. New York: The Free Press, 1974.

[73] Stoverink A C, Kirkman B L, Mistry S, et al. Bouncing back together: toward a theoretical model of work team resilience[J]. Academy of

Management Review, 2018, 45(2): 395-422.

[74] Taras V, Liu Y H, Tullar W, et al. Straight from the horse's mouth: justifications and prevention strategies provided by free riders on global virtual teams[J]. Journal of Management and Training for Industries, 2018, 5(3), 51-67.

[75] Tuckman B W. Developmental sequence in small groups[J]. Psychological Bulletin, 1965, 63(6), 384-399.

[76] Tuckman B W, Jensen M. Stages of small-group development revisited [J]. Group & Organization Management, 1977, 2(4): 419-427.

[77] Yukl G. Leadership in Organizations[M]. Upper Saddle River, NJ: Prentice-Hall, 2002.

[78] Zellmer-bruhn M E, Gibson C B. Multinational organization context: implications for team learning and performance [J]. Academy of Management Journal, 2006, 49(3): 501-518.